SIYB

创办你的企业

START YOUR BUSINESS

（大学生版）

创业培训手册

MOHRSS

人力资源和社会保障部职业能力建设司 组织编写

中国劳动社会保障出版社

图书在版编目(CIP)数据

创办你的企业：大学生版．创业培训手册/人力资源和社会保障部职业能力建设司组织编写．—北京：中国劳动社会保障出版社，2010

ISBN 978-7-5045-8646-9

Ⅰ．①创… Ⅱ．①人… Ⅲ．①企业管理—青年读物Ⅳ．①F270-49

中国版本图书馆 CIP 数据核字（2010）第 180835 号

中国劳动社会保障出版社出版发行

（北京市惠新东街 1 号　邮政编码：100029）

出 版 人：张梦欣

*

北京北苑印刷有限责任公司印刷装订　新华书店经销

880 毫米×1230 毫米　16 开本　12 印张　230 千字

2010 年 9 月第 1 版　　2017 年 12 月第 32 次印刷

定价：35.00 元

读者服务部电话：(010)64929211/64921644/84626437

营销部电话：(010)64961894

出版社网址：http：//www.class.com.cn

序

促进创业带动就业，是实施积极就业政策的重要举措，是应对国际金融危机、稳定我国就业形势的有效途径。大力推动创业带动就业，对实施扩大就业的发展战略具有十分重要的现实意义和长远的战略意义。

党和国家高度重视促进创业带动就业工作。党的十七大提出：“实施扩大就业的发展战略，促进创业带动就业”，并要求“完善支持自主创业、自谋职业政策，加强就业观念教育，使更多劳动者成为创业者”。《就业促进法》规定：“国家倡导劳动者树立正确的择业观念，提高就业能力和创业能力；鼓励劳动者自主创业、自谋职业。”以创业带动就业，使更多劳动者成为创业者，使更多城市和地区成为创业型城市和创业型地区，已经成为新时期的国家就业发展战略。

高校毕业生是创业活动中最具朝气和活力、最具创新精神的一个群体，需要给予特别关注和大力扶持。近年来，国家制定出台了一系列促进大学生就业的政策措施，通过创业带动就业是其中一项重要举措。各地各部门也都加大了对大学生开展创业培训的工作力度。2010年，人力资源和社会保障部组织实施大学生创业引领计划，其中一项重要内容就是大力开展大学生创业培训工作，使有创业愿望并具备一定条件的大学生都能接受创业培训。

人力资源和社会保障部门自上世纪90年代末开展创业培训，进行了积极探索，积累了有益经验，特别是与国际劳工组织合作，引进国际上比较先进的“创办和改善你的企业（SIYB）”培训技术，并将其本土化，深受广大创业者的欢迎和好评。为更好地落实国家促进大学生就业的政策措施，实施好大学生创业引领计划，帮助各地各部门有效地开展大学生创业培训工作，我部职业能力建设司组织优秀的创业培训专家，在“创办和改善你的企业（SIYB）”系列培训教材的基础上，紧密结合我国大学生特点和大学生创业的实际情况，编写了这套大学生版的创业培训教材。希望这套教材能够对大学生创业起到有效的帮助作用，让更多怀有美好创业梦想的优秀青年实现成功创业。

人力资源和社会保障部副部长

王晓初

二〇一〇年八月二十三日

前　言

创办一家属于自己的公司，成就一番事业是当今许多大学生的梦想。大学生有理想、有知识，富有朝气和激情，敢于挑战自己，但创业是一条充满艰辛和坎坷的道路。创业不仅需要激情，更需要理性的思考和务实的行动。《创办你的企业（大学生版）》培训课程将帮助你规划创业行动，实现创业梦想。通过课程的学习，你将发现自己是否适合创办企业，适合创办什么样的企业，衡量自己的创业想法是否现实可行，并最终完成自己的创业计划书。

一、课程内容

《创办你的企业（大学生版）》培训课程把创业分为十个步骤，每个步骤都是在创业过程中必须面对和思考的。十步环环相扣，步步深入地带领你走过创业的每个环节。当你通过培训能对这十个步骤都经过缜密的思考并付诸行动，你也就成功地完成了创业知识和技能的学习，能够独立完成你的创业计划书。

第一、二步告诉你什么是企业，评估自己是否适合创办企业，并帮助你寻找、分析、筛选出最适合你的企业想法。

第三步对你的企业想法进行市场评估，制订出可行的市场营销计划。

第四步告诉你如何组建你的创业团队。

第五、六步帮助你选择一种最合适的企业法律形态，并明确你要创办的企业应该履行依法注册、纳税、签订用工合同等法律责任。

第七、八步指导你估算需要多少启动资金来创办你的企业，以及如何融资。并通过预测你的销售收入、费用成本，看看你能否赢利。

第九步完成你的创业计划书，通过创业计划书来衡量你创办企业的可行性，并采取行动来调整你的企业想法。

第十步告诉你企业创办后，将要做哪些具体的管理工作。

二、教材的构成

《创办你的企业（大学生版）》培训教材由两本书构成：

《创业培训手册》由正文、创业故事、练习构成。正文内容一步一步告诉你创业的基本知识，三个大学生的创业故事能让你感受、体验创业的整个过程，练习将创业的实践搬进课堂，帮助你掌握创业知识和提高创业技能。

《创业计划书》用于培训结束时汇总前面所学知识和所做练习，完成自己的创业计划书。“纸上谈兵”筹划自己创业蓝图的同时为下一步融资做好准备。

三、关键标志

在教材中，你会发现各种不同的小图标，它们代表着不同的内容。

意味着在这部分内容里，会提示很多创业过程中需要特别注意的事项，帮助你记住创业过程中的难点和要点。

这部分内容讲述了张华、王剑、孙梅三位大学生创业的故事，他们将和你一起面对创业中的各种问题。希望他们的创业故事能够帮助你更好地学习和掌握创办企业的知识和技能。

这部分练习帮助你更好地理解所学的创业知识和技能，加深对创业知识和技能的认识，最终帮助你完成创业计划书。

本套教材由人力资源和社会保障部职业能力建设司组织编写，由SIYB培训师叶仁平、吕继仁和中南大学杨芳教授三位专家组成教材编写小组，在国际劳工组织开发的《创办你的企业》教材基础上编写而成。教材开发过程中，曾在中南大学部分教师和学生中征求意见，在南京师范大学、江苏经贸职业技术学院、江西科技师范学院、成都农业科技职业学院、柳州铁道职业技术学院等院校进行了试验性培训，得到试验院校及其所在省、市人力资源和社会保障部门的大力支持，张用、石科明、赵伟、尚虹、麦秋玲、白莲玉、王建霞等专家对教材编写工作提出了大量宝贵意见，另外，一些SIYB教师也对教材编写和试验培训工作给予了积极支持，在此一并致谢！

目　录

第一步　你适合创办企业吗？

第二步　如何找到一个好的企业想法？

第三步　如何评估你的市场？

第四步　如何组建你的创业团队？

第五步　如何选择你的企业法律形态？

第六步　如何利用法律保护你的企业并承担企业责任？

第七步　如何预测你的启动资金？

第八步　如何制订你的利润计划？

第九步　如何判断你的企业能否生存？

第十步　如何开办你的企业？

第一步　你适合创办企业吗？

学习目标：

- 了解企业的基本概念和创办企业面临的挑战。
- 掌握自我评估的方法。
- 运用各种方法增强创业能力。

创办企业是许多大学生的梦想。但在创办企业之前，你必须清醒地了解创办企业所必需的基本条件；你必须认真审视自己，判断自己是否适合创办企业。因为，任何一个企业的成功在很大程度上取决于企业主个人的性格、技能水平和经济状况。

在这一步里，你将了解一个创业者应该具备什么条件，并评价你自己是否具备创业的素质和能力。创业是一种机遇，也是一种挑战，更是一种超越。

一、企业和企业类型

1．什么是企业

企业是以赢利为目的而进行商品生产和交换活动的经济组织。企业可以是一个人，也可以是多个人组成的群体。

一个企业既要从市场上购买商品（产品或服务），又要在市场上向顾客出售其生产的商品（产品或服务）。商品和现金会不断地在企业和供应商、企业和顾客之间流动，从而形成了两股流：

商品流——企业从市场上购买商品（设备、原材料等），并向市场销售商品（产品、服务等）的商品活动流。

现金流——企业资金支出（购买原材料的费用、租金、员工工资等）和资金流入（销售商品或提供服务的收入等）的资金活动流。

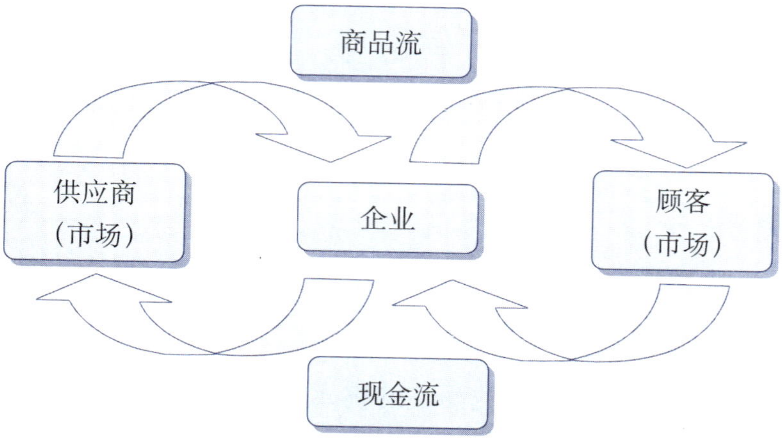

企业经营的目的是赢利，所以流入企业的现金应该多于流出企业的现金。一个成功的企业，商品和现金的流入和流出活动会不断地循环往复。

2．你适合创办哪类企业

当你决定要创办企业时，你会发现，选择一个合适的项目是非常困难的，你必须先了解都有哪些企业类型，它们各自有什么特点，以确定自己创业的方向。企业类型多样，主要可以分为以下四种：

贸易企业——贸易企业从事商品的买卖活动，可分为零售业和批发业，零售商从批发商或制造商处购买商品，再卖给顾客，所有把商品卖给最终消费者的商店都是零售商，如超市、服装店、电脑专卖店等。而批发商则是从制造企业购买商品，然后再卖给零售商，如蔬菜、水产、文具、电脑耗材批发中心。

制造企业——制造企业生产实物产品。如果你打算开一家企业生产并销售家具、文具或电脑等，那么你拥有的就是一家制造企业。

服务企业——服务企业不出售任何产品，也不制造产品，而是提供服务或劳务。如房屋装修、邮件快递、家政服务、法律咨询、技术培训等企业都属于服务企业。

农、林、牧、渔业企业——这类企业利用土地或水域进行生产，种植或饲养的产品多种多样，如种果树和养殖家禽等。

企业经营过程中不一定符合上述单一分类。例如，你准备开办一家电脑维修部，你开办的就是服务企业，因为你所提供的是维修服务。但是，电脑维修部也可能同时出售电脑零配件，兼做零售。在这种情况下，要以主要经营业务内容来确定一个企业的经营类型。

把企业进行了上述分类后，你适合创办哪一类企业呢？对此，要针对不同企业类型的特点，结合自身的喜好、特长、资源认真进行分析。

贸易企业——一般需要有好的地理位置，并且商品流动量大，资金周转快。要求创业者善于与人沟通，有灵活的销售技巧，掌握有效采购、合理库存和记账等管理技能。

制造企业——这类企业投资较大，收益周期长，对创业者行业经验要求高，要求创业者有一定的组织生产管理的经验和技术，而且具有一定的创新、研发新产品的能力。创业者有资金，懂得生产管理、成本核算，并且树立产品质量意识非常重要。

服务企业——方便、快捷、热诚、安全是服务业的成功要素。要求创业者性格开朗、有耐心、讲诚信、能与各种人打交道、善于处理各种纠纷矛盾等，同时，要建立和维护客户档案，有能力带领员工团队。

农、林、牧、渔业企业——有无土地、水源、山林是创办农、林、牧、渔业企业的“门槛儿”，环保和科技是成功的保障，风险大、周期长是行业的特点。创业者要拥有相应的资源和资金，懂得相关技术，而且要积极与当地政府、群众、科研机构打交道。

创业小贴士

无论你选择什么类型的企业都应该做到：真诚服务顾客，真心关爱员工！

做练习 1

看看你适合创办哪类企业？

下面将向你介绍三位大学生，他们将和你一起面对创业中的各种问题，希望他们创业的故事能够帮助你更好地学习和掌握创办企业的知识和技能。

三个“斑竹”的创业故事（一）：自谋出路闯天下

张华、王剑、孙梅是湖南某大学的校友。张华是国际经济与贸易专业的毕业生，曾任学校学生会副主席，现在在一家电脑销售公司打工，做营销工作，为人沉稳，有主见。王剑是会计专业大四的学生，正在实习期间，是个会精打细算的人。孙梅在艺术设计专业读三年级，性格开朗，能写会画，曾经在全省“公益广告设计大赛”中拿过冠军。他们三个喜欢上网冲浪，经常在校园网的论坛上发帖讨论大学生创业的话题，被同学们称为“斑竹”，三人也因此成为非常要好的朋友，经常聚在一起，无话不谈，非常投机。

近段时间张华所在的公司因经营不善，工资都快发不出来了，没有什么发展前景，张华非常苦恼。王剑、孙梅也为将来自己就业难的问题而发愁，感到压力很大。

这天，张华找到他们俩一起聊天，说起各自的近况。孙梅介绍了前几天在学校大礼堂听的一场报告会，是一位学长毕业后成功创业的故事。三人深受启发，他们觉得在大学里学习了那么多知识，在就业竞争的巨大压力面前，应该主动出击，自谋出路，利用各自的特长找出一条创业之路。

二、创办企业面临的挑战

美国社会心理学家马斯洛（Abraham Harold Maslow）认为，人类的需要是有层次的，由低到高依次分为生理、安全、社交、尊重和自我实现需要五类。人的某种动机和行为是为了满足自己某些需要，这正如许多人创业是为了满足人们的某种层次的需求。大学生创业是人生的一个重大选择，无论你是为了就业生存、融入社会，还是实现自我价值，选择创业都会面临一系列挑战，这些挑战有些是针对你自身的，有些是创业将面临的外部压力和风险，你必须直面和应对这些挑战。

1．创业对你自身的挑战

- **筹集创业资金**——这是一件非常困难的事情，你可能要想尽一切办法去向家人、朋友借钱，或者向银行借贷去应对风险。

- **没有自由**——你要不分昼夜地长时间工作，做可能是自己原本不擅长或不喜欢的事，没有假期，甚至生病也不能休息。
- **学习企业管理**——你必须系统学习企业管理知识，提高自己的领导力、沟通力、执行力。
- **掌握专业技能**——你必须努力掌握创业项目的专业技能，成为“内行”。
- **社会经验匮乏**——这是大学生创业普遍存在的一大障碍，你要学会突破自我，积极协调政府、社会组织、合作企业和顾客的关系，提高自己的公关、谈判及适应能力。
- **承受对自信心的打击**——创业过程中，你可能会遭受拒绝、打击甚至要面对失败等各种境遇，能否从挫折中恢复信心、保持乐观是在创业中成长的关键。

2．你将面临的外部压力和风险

- **企业倒闭**——企业有可能失败，你要时刻准备应对企业失败的风险和承担所有责任。
- **团队合作不够**——立志创业的大学生一般个性鲜明，缺少包容和合作，团队成员容易因为个性张扬而产生矛盾。创业不是创业者一个人的事情，你需要学习带领整个创业团队。
- **无法应对市场变化**——市场是千变万化的，创业者因为经验不足和缺乏技巧，无法根据市场的变化而调整促销手段、服务措施以及商品陈列，导致失去顾客。

- **竞争对手挑战**——激烈的竞争是很难避免的，你需要学习、尊重并战胜你的竞争对手，赢得更大的市场空间。有时候，你不得不和对手在竞争中合作。
- **意外灾害**——你要采取措施，防止因为火灾、水灾、偷盗或其他灾害使企业遭受损失。

所有这些挑战都可以通过有效的学习和经验的积累加以解决。同时，你要充分认识到，创业的挑战就是对人生的挑战，一旦创业成功，你付出的所有努力就会帮助你获得经济收益和人格尊重，以及贡献社会、帮助别人的满足感。

做练习 2

创业者如何应对企业出现的风险？

三、从创业者角度评价自己

在你开始真正创业之前，你还有一件非常重要的事情需要做——清楚地了解你自己是否适合创办企业。如果发现自己在创业方面还存在很多不足，你就要积极寻找适当的方法来弥补。

我能成为一个企业老板吗？如何成功地创办一家企业？这些是创业者经常问的问题。但是，到目前为止还没有找到肯定的答案。有人从许多企业老板成功或者失败的创业经历中总结出了关于成功创办一家小企业的关键要素，即创业动机、经验和能力以及创业资源，可以说，这三点是成功创业的基本条件。

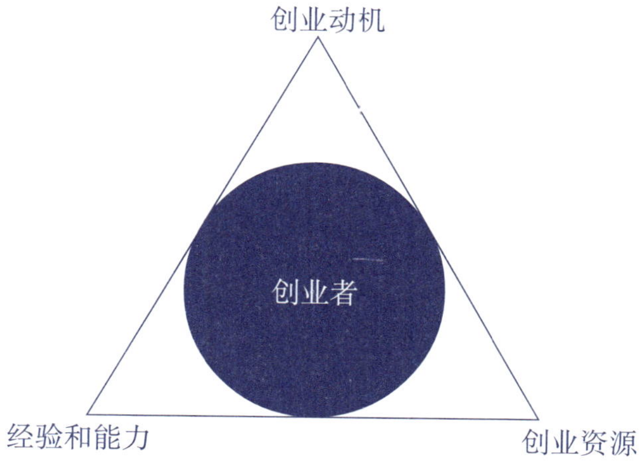

1. 创业动机

无论是个人还是团队，要想成功创办企业，都需要具备强烈的创业愿望和坚定的创业动机。

那么，什么是创业动机呢？通俗地说，就是“我为什么要去创办企业”“我未来企业发展的目标是什么”。创业的动机是你能否成功创办企业的前提和基础，所以在创办企业之前你要正确评价自己的动机，动机越强烈，目标越明确，创业的成功率就越高。

另外，创业不是一帆风顺的，许多成功创业的人都是在一次又一次失败的经历中重新站立起来的。强烈的创业动机是创业者面对困难和失败时保持信心和毅力的关键。大学生要清醒地认识到，挫折和失败是创业过程中难以避免的，在挫折和失败中坚定创业信念，不气馁、不放弃，思考总结，重头做起，才能迈向真正的成功 。

2．经验和能力

要想成功创办企业，另外一个重要的问题，就是你或者合伙人是否具备相关的经验、特殊能力和素质，包括创业的知识，企业管理者的决策、执行、沟通能力，相关的专业技能和行业经验，以及应对企业风险的心理素质等。

完成下面的小测试，评价一下你的创业潜力

A栏和B栏里各有一些陈述，其中有一个更符合你的情况。

- 如果A栏里的陈述符合你的情况，请在A栏左边的空格里填写2。
- 如果B栏里的陈述符合你的情况，请在B栏右边的空格里填写2。

在自我评价时要求实事求是。这个测试只针对你个人，将帮助你评价自己是否具有成功经营企业的技能、经验和素质。

（1）创办企业的动机

	A	B	
	我有一份工作。	我没有工作。	
	我从自己干过的每一份工作中都学到了一些东西，我发现工作很有意思。	我认为工作只是为了挣钱。工作没有什么乐趣，我对工作兴趣不大。	
	我想让我的企业成为我的终身事业。	我想创业，是因为没有其他选择。	
	我想拥有一家企业，这样我能够为我的未来提供更好的生活方式。	我想创办企业是因为我想取得成功。富人都有自己的企业。	
	我坚信，我能否成功更多地取决于我自己的努力。	一个人不论做什么，要想成功，都需要其他人的大量帮助。	
	总　计	总　计	

（2）主动性

	A	B	
	我不惧怕问题，因为问题是生活的组成部分。我会想办法解决每个问题。	我发现处理问题很难。我担心这些问题，或者干脆不想这些问题。	
	当我遇到困难时，我尽全力去克服。困难是对我的挑战，我喜欢挑战。	如果我有困难，我试图忘掉这些困难，或者等待困难自行消失。	
	我不是等待事情的发生，而是努力促使事情发生。	我喜欢顺其自然并等待好事降临。	
	我总是尝试做一些与众不同的事情。	我只喜欢做我擅长的事情。	
	我认为所有的想法都会有所帮助，我寻求尽可能多的想法，看看这些想法是否行得通。	人都有很多想法，但是你不可能做所有的事情。我愿意坚持自己的想法。	
	总　计	总　计	

（3）对企业的承诺

	A	B	
	我在压力之下工作得很好。我喜欢挑战。	我在压力之下工作得不好。我喜欢平静和轻松。	
	我喜欢每天工作很长时间，不介意利用业余时间工作。	我认为工作以外的时间很重要，一个人不应该工作得太久。	
	一旦需要作出决定，我常常能够尽快决定做什么。	我不愿意为了我的企业而减少与家人及朋友在一起的时间。	
	如果必要的话，我可以把社会义务、休闲娱乐和业余爱好放在一边。	我认为在社交活动、业余爱好以及休息上多花时间是很重要的。	
	我愿意非常努力地工作。	我愿意工作并做必须要做的事情。	
	总　计	总　计	

（4）坚忍不拔和应对危机的能力

	A	B	
	即使面对极大的困难，我也不会轻易放弃。	如果存在很多困难，真的不值得为某些事去奋斗。	
	我不会为挫折和失败沮丧太久。	挫折和失败对我的影响很大。	
	我相信自己有能力扭转局势。	一个人能够独立做的事情只有那么多，命运和运气起很大的作用。	
	如果有人对我说不，我会泰然处之，我会尽最大努力改变他们的看法。	如果有人对我说不，我通常会感觉很糟并会选择放弃这件事。	
	遇到危机时，能够保持冷静并找出最佳的应对办法。	遇到危机时，我会感到慌乱和紧张。	
	总　计	总　计	

（5）风险承担能力

	A	B	
	我坚信，要在生活中前进我必须冒风险。	我不喜欢冒风险，即便是有机会得到很大的回报也是这样。	
	我认为风险中也蕴含机会。	如果可以选择，我愿意以最稳妥的方式做事。	
	我只有在权衡了利弊之后才会冒风险。	如果我喜欢一个想法，我会不计利弊就去冒风险。	
	即使投资全部亏掉了，我也愿意接受这样的现实。	我很难接受投资全部亏掉的现实。	
	我清楚不是所有的事情都能够完全控制，哪怕我具有掌控权。	我喜欢完全控制自己做的事情。	
	总　计	总　计	

(6) 决策能力

	A	B	
	我喜欢作决定，而且能够轻松地作出决定。	我发现作决定很难。	
	我能自己作出艰难的决定。	在我作出艰难的决定之前，我会征求很多人的建议。	
	一旦需要作出决定，我常常能够尽快地决定做什么。	我尽可能长地推迟作决定的时间。	
	在作决定之前，我会认真思考所有可能的选择。	我凭感觉和直觉作出决定，我只知道眼下要做什么。	
	我不怕犯错误，因为我可以从错误中吸取教训。	我经常担心会犯错误。	
	总　计	总　计	

(7) 适应企业需要的能力

	A	B	
	我只提供顾客需要的产品或服务。	我只提供我喜欢的产品或服务。	
	如果我的顾客想要更便宜的产品或服务，我将想办法满足他们的需求。	如果我的顾客想要更便宜的产品或服务，他们就得找其他企业。	
	如果我的顾客想赊购，我要想办法用最低的风险为他们提供赊购服务。	我不会向任何人赊销我的产品或服务。	
	如果将企业迁到其他地方能够获得更多的生意，我准备这样做。	我不愿意重新选择企业地点。	
	我将研究市场趋势，力图改变我的工作态度和方法，以便跟上时代的发展。	最好按照我已经知道的方法去工作，跟上世界的变化太难了。	
	总　计	总　计	

(8) 沟通和谈判能力

	A	B	
	我喜欢谈判，并且经常在谈判中达到目的。	我不喜欢谈判，按照其他人的建议去做更容易。	
	我与其他人沟通得很好。	我与其他人的沟通有一些困难。	
	我喜欢倾听其他人的观点和建议。	我对其他人的观点和建议一般不感兴趣。	
	在谈判过程中我常常愿意表达自己的观点。	如果我参加谈判，我更愿意做一个听众，旁观事态的发展。	
	我认为，在谈判中达到目的的最好方法是，努力寻找一个使双方都受益的方法。	这是我的企业，因此我的意见最重要。谈判中总有人会输。	
	总　计	总　计	

（9）协调家庭、文化和企业的能力

	A	B	
	在企业能够负担的范围之内，我从企业拿出钱来供我和家人使用。	我的家人需要多少钱，我就从企业拿多少钱。	
	如果我的朋友或家人有经济困难，我会拿预留给我个人的钱来帮助他们，而不会从企业拿钱。	如果我的朋友或家人有经济困难，我将帮助他们，即便这样可能会损害我的企业。	
	我不能把大量的工作时间花在家人和社会义务上而忽略我的企业。	家人和社会义务高于企业。	
	我的家人和朋友将与其他顾客一样为购买我的产品、服务或使用企业的资产付钱。	我的家人和朋友将在我的企业得到特殊的待遇。	
	我不会因为他们是我的家人或朋友就允许他们赊账。	我会常常允许我的家人和朋友赊账。	
	总　计	总　计	

（10）获得家庭支持的能力

	A	B	
	如果企业的决定将对家人产生影响，我会让家人参与决定。	我不会让家人参与对他们有影响的企业决定。	
	因为对企业全心的投入使我没有很多时间和家人在一起，我的家人会理解。	因为对企业全心投入使我没有时间和家人在一起，他们会感到不快。	
	如果我的企业在开始时不是很成功，并且给家里人带来经济上的困难，我的家人愿意忍受。	在创业之初，如果我的企业不是很成功，并且给家里人带来困难，我的家人会十分生气。	
	我的家人愿意帮助我克服企业遇到的困难。	我的家人可能不愿意或没有能力帮助我克服企业遇到的困难。	
	我的家人认为，我创办企业是个好主意。	我的家人对我创办企业感到担心。	
	总　计	总　计	

你的得分

通过上面的测试能够评估你在企业经营方面的强项和弱项。根据你自己的情况完成测试后，分别将A栏和B栏里得分相加，然后把这些分数填入下一页的表格中。

- 如果你在A栏里的分数是6～10分，说明你在这方面的能力和素质是你的强项。在“强”下面画“√”。
- 如果你在A栏里的分数是0～4分，说明你在这方面的能力不太强。在“不太强”下面画“√”。
- 如果你在B栏里的分数是0～4分，说明你在这方面的素质或能力有点弱。在“有点弱”下面画“×”。

- 如果你在B栏里的分数是6～10分，说明你在这方面的素质或能力是弱项。在“弱”下面画“×”。

A栏得分高，说明你在组织和经营企业方面有可能取得成功。

个人素质/能力	A	6～10分 强	0～4分 不太强	B	0～4分 有点弱	6～10分 弱
(1) 创办企业的动机						
(2) 主动性						
(3) 对企业的承诺						
(4) 坚忍不拔和应对危机的能力						
(5) 风险承担能力						
(6) 决策能力						
(7) 适应企业需要的能力						
(8) 沟通和谈判能力						
(9) 协调家庭、文化和企业的能力						
(10) 获得家庭支持的能力						
总分						

- 如果你在A栏里的总分达到50分或更高，说明你具有一个好企业主所应具备的各项个人素质。
- 如果你在B栏里的总分达到50分或更高，说明你需要对你的弱项加以改进，将弱项转变为强项。

3. 创业资源

你需要获得充足而有效的资源，包括资金、房屋、原材料、设备和人员等，才能顺利创办企业。另外，基础设施（如水电、电话、道路等）和外部的支持服务（如政府的政策、各种创业服务机构的帮助等）也是非常重要的。

足够的资金是创业必不可少的资源。如果你没有任何存款，也没有可以抵押的物品，你就不可能从银行或金融机构那里获得贷款。你很可能要向家人或亲朋好友借钱。

即使你有足够的资金，在创办企业的时候，你也不能把所有的钱都投进企业里。一般情况下，一个新创办的小企业需要经营3个月以上或者更长时间，才能赚到足够多的钱来支付你及家庭的生活费用。因此，你必须留有一定的钱来负担企业赚钱之前你及家庭的生活费用和其他开支。

三个“斑竹”的创业故事（二）：拿多少钱来创办企业？

张华、王剑、孙梅决定联手创办企业，但“巧妇难为无米之炊”，在寻找企业想法之前，他们认为应该仔细评估一下大家的财务状况，做到量力而行。于是，他们算了笔账，看有多少钱可以用来创办企业：

项　　目	金额（元）		
	张华	王剑	孙梅
存款	20000	2000	5000
收入			
1．父母的支持	0	10000	10000
2．其他	0	0	0
收入合计	20000	12000	15000
自有资金总额	47000		
支出（以后 3 个月）：日常生活开支（衣食住行和读书）	4000	2000	2000
支出合计	8000		
剩余资金	39000		

他们考虑起码每人要留 3000 元作为积蓄，以防万一。所以，实际可用来创办企业的资金是 30000 元，他们估计这笔钱差不多够了。

创业小贴士

小企业创办原则是：志向要大，计算要精，规模要小。

总之，创办一家小企业并不是一件轻而易举的事情。你需要具备坚定的创业动机和必要的创业能力，具备相应的创业资源，而且要找到一个好的企业想法，并努力地去行动。只有这样，才能把你的企业变成现实。

做练习 3

看看你有多少资金创办企业？

四、增强你的创业能力

1．找出你的“短板”

美国管理学家彼得提出的“短板理论”（又称“水桶定律”）认为，一个由多块木板构成的水桶，其价值在于盛水量的多少，但决定水桶盛水量多少的关键因素不是其最长的板块，而是其最短的板块。若要使此水桶盛水量增加，唯一的办法是，换掉短板。

“短板理论”告诉创业者，要认真分析自身的创业条件，找出自己的“短板”，并迅速将它做长补齐，以免制约你成功创业。

很多人创业获得了成功，但最初创办企业时，他们并不都具备创业必需的所有素质或技能。技术可以学习，素质可以培养，条件可以改善。你应当克服自己的弱点，补齐你的“短板”。一个成功创业者需要具备综合的素质。

2．提升你的综合素质

通过前面的测试，你已经大概了解哪些技能和素质是你的弱项，甚至是你的“短板”。下一步，你要考虑采取什么积极措施来改变这些弱项，增强你的创业能力。

- 如果你的企业管理能力是弱项，你可以通过阅读企业管理方面的书籍来学习更多的知识，并设法参与更多的实践。

- 如果你的行业经验是弱项，你也许应该找一位有经验的合作伙伴，或者找一位能提供咨询服务的人做顾问。
- 如果你的技能是弱项，你要决定怎样为自己的企业获得这些技能。你可以接受培训，也可以雇用技术人员或寻找一位有适当技术的合作伙伴。
- 如果你的团队不能满足创业的需求，你要寻找那些能带来技术、资金或经验的人，实现优势互补、能力匹配，使企业能应对各方面的挑战。
- 如果你缺乏资金，你要决定怎样为自己的企业获得启动资金。你可以通过银行小额贷款、风险投资（VC）、国家政策性扶持、向亲戚朋友借款、与他人合伙等办法筹措资金。你还可以从学校的创业指导中心、大学创业园、各地孵化基地及中小企业服务机构那里获得资金支持。
- 如果你的人脉关系是弱项，你要有效利用家人、朋友以及同学的关系，时常联络邻居、朋友、认识的人，积极参加专业协会、俱乐部、校友会等组织，参与社交活动，拓展人脉。
- 如果你的个性、心态还不稳定，你需要锻炼如何控制自己。创业需要激情而不是冲动，需要理智而不是狂热，面对各种各样的风险和困难，要具备坚忍不拔、锲而不舍的毅力。

做练习 4

积极增强自己的创业能力。

小　结

创业是一项艰苦的实践活动。选择创业，也是选择了一条人生道路，这条路上有鲜花也有荆棘。要顺利踏上创业之路，你必须了解企业、了解自己，判断自己是否适合创业，分析自己与成功创业者的差距，提升自己的创业素质和能力。有一点需要注意，不是所有的人都适合创办企业，也许你有其他方面的素质和能力，而这些素质和能力使你更适合做其他工作或寻求其他的就业方式。

本步学习的要点内容归纳如下：

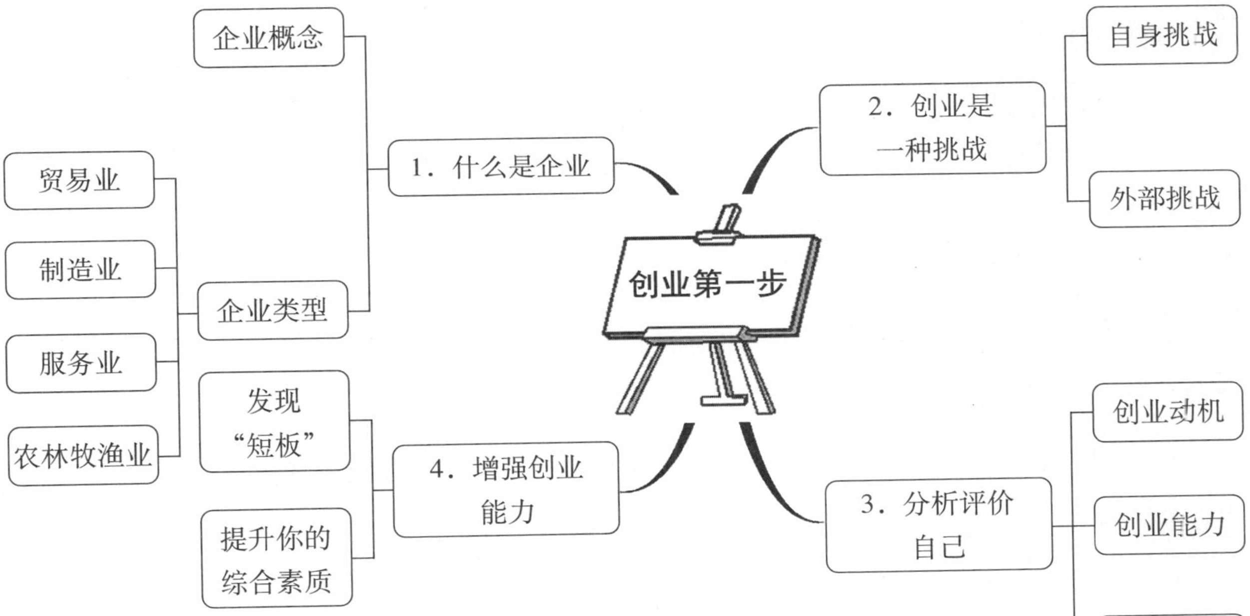

第二步　如何找到一个好的企业想法？

学习目标：

- 了解企业想法的四大要素。
- 掌握产生企业想法的六种常用方法。
- 运用分析工具分析并筛选出最好的企业想法。

学习了第一步之后，你应该对你是否适合创办企业有了一个明确的认识，也十分清楚创办企业是不是你真正想要做的事。那么，这一步你将考虑你打算创办什么样的企业，也就是你要为自己寻找一个好的企业想法。

一家成功的企业始于正确的理念和好的想法。合理而又周密的企业想法可以避免日后的损失。如果你的企业想法不合理，那么，企业注定是会失败的。

一、什么是企业想法

企业想法是用简短精确的语言对打算创办的企业的基本业务的描述。在创办一家企业之前，你需要对未来将要创办的企业有一个明确的想法。

一个成功的企业想法既要能够满足顾客的需求，又要能够赢利。它既要向人们提供其想要的产品，又要为企业带来利润。你的企业想法应当包括：

- 你的企业将销售什么产品或服务。
- 你的企业将向谁销售产品或服务。
- 你的企业将如何销售产品或服务。
- 你的企业将满足顾客哪些需求。

1．你的企业将销售什么产品或服务

你的企业打算销售什么样的产品或服务？你的企业想法应该基于你了解的产品或擅长的服务，而且必须是人们愿意付钱购买的产品或服务。分析各种企业想法，将帮助你把注意力集中到你擅长和熟悉的企业类型上。

产品是指人们需要付钱购买的有形物品。它可能是你自己制作的东西，也可能是你进货之后再销售出去的东西，如电脑、日用品、服装等都是产品。

服务是你为别人所做的一些事情，他们愿意为此付钱给你。服务是无形的，如电脑维修、物流、家教等。

2．你的企业将向谁销售产品或服务

谁将购买你的产品或服务？顾客是每家企业必不可少的部分。清楚地了解能够购买你的产品或服务的顾客是非常重要的。你是向某一类特定的顾客销售还是向一个地区的每一个人销售？除非有足够多的顾客能够并愿意花钱购买你的产品或服务，否则你的企业将赚不到钱。

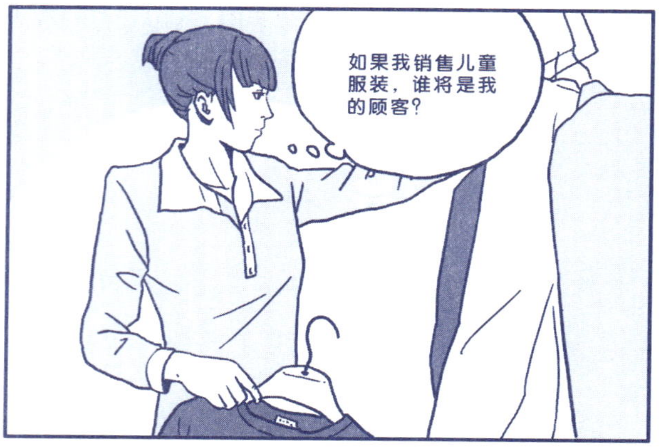

3．你的企业将如何销售产品或服务

你打算如何销售你的产品或服务？假如你打算开一家商店，这个问题并不复杂，但是对于生产型企业或服务型企业而言，却有很多不同的销售方法。例如，一家生产型企业既可以直接向顾客销售，也可以向零售商销售。

直接向顾客销售

把自己的产品卖给零售商

4．你的企业将满足顾客哪些需求

你的产品或服务将满足顾客的哪些需求？你的企业想法应该始终想到顾客以及顾客的需求。当你思考你的企业想法时，调查你未来的顾客想要什么是非常重要的。

创办一家企业不是一件容易的事，需要做大量的工作并且制订大量的计划。一家适合你的企业始于一个好的企业想法。

创业小贴士

一个好的企业想法是企业成功的基础，努力确定适合你的想法是很值得做的一件事。

上面的这些问题将帮助你发现好的企业想法，分析这些企业想法，从中选择一个适合于你并能使你赢利的项目。

做练习 5

你将理解一个好的企业想法是多么重要。

二、产生你的企业想法

或许你已经有了一个企业想法，这是一个很好的迹象。这表明你已经投入到企业的创办中，开始“思考”工作了，但是你应该注意，不要过于坚持你的第一个想法。机会有很多，第一个想法可以引出更好的想法。

在产生企业想法时，最好尽力放开你的思路。你的第一个目标是想法越多越好，然后把你能够想到的所有企业想法列在一张单子上。

可以通过如下方法激发你的企业想法：

- 一般性头脑风暴法。
- 结构性头脑风暴法。
- 调查你准备创业地区的企业情况。
- 调查你所处的环境。
- 利用各种问题。
- 利用互联网。

当你应用这些方法时，你可以从家人那里得到支持和帮助，还可以请你认识的各方朋友帮忙。

1．一般性头脑风暴法

头脑风暴法是打开你的思路并帮助你产生很多不同想法的方法。最初，你可以从一个词语或一个题目开始，将进入自己脑海中的所有想法都写下来。你可以一直写下去，能写多少就写多少，即使某个想法看起来毫不相干或者十分奇怪。

和别人一起使用头脑风暴法的效果最好，当然你也可以试着自己一个人做。很多大公司都采用这种方法激发有关新产品的想法。

做练习 6

与其他人一起完成头脑风暴练习并写出可能的企业想法。

2．结构性头脑风暴法

结构性头脑风暴法不是让你从任意一个词组开始，而是从一个特定的产品开始，然后尽力想出所有相关的企业：

- 与销售产品相关的企业。
- 与制造产品相关的企业。
- 与产品间接相关的企业（副产品）。
- 与产品服务相关的企业。

这种方法可以用下图来说明：

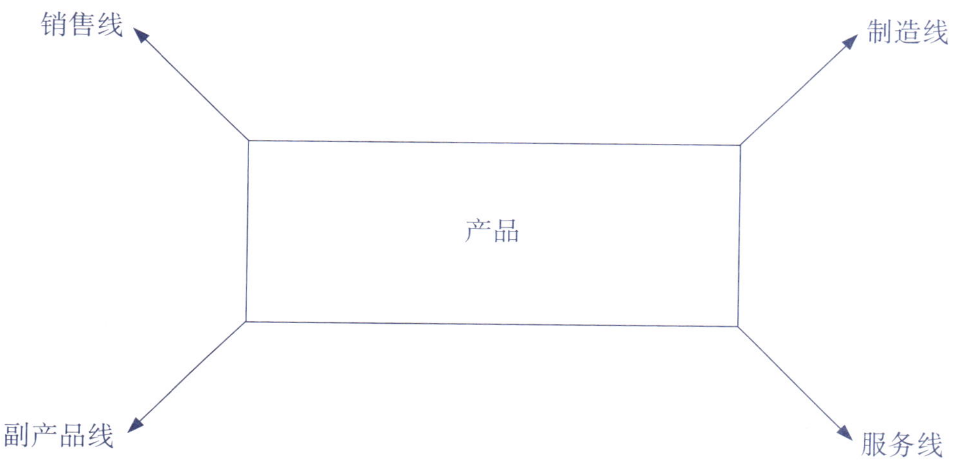

你可以一直想下去，直到不再有任何新的想法为止。同样，不论你想起什么都应该将其写下来，然后再确定这个想法是否有价值，是否正确。以纯棉T恤衫为例，所产生的企业想法如下图所示：

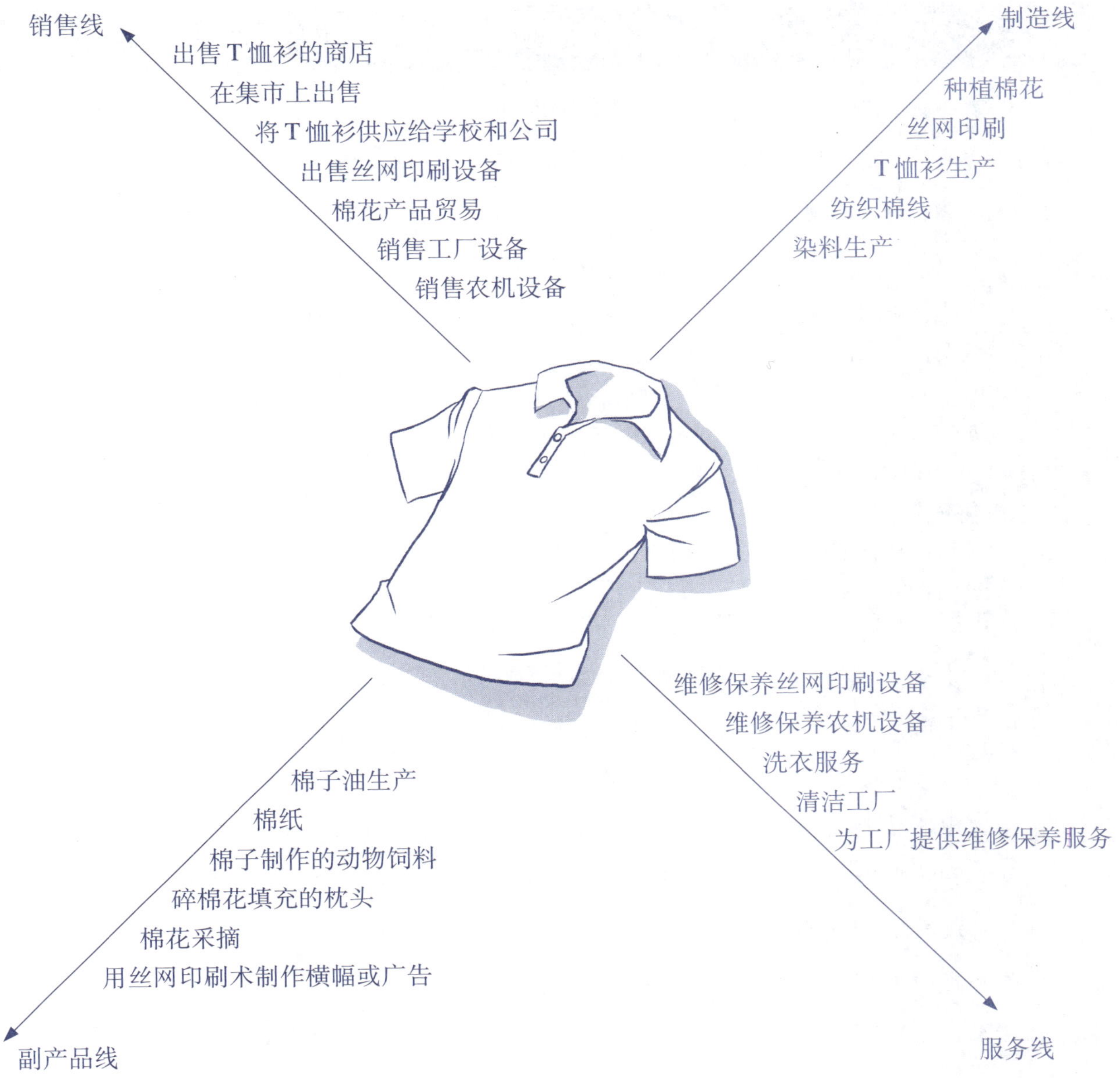

做练习 7

自己尝试做一些结构性头脑风暴练习，写出更多可能的企业想法。

3．调查你准备创业地区的企业情况

调查你准备创业地区的企业情况，到实地走走看看，了解这个地区有哪些类型的企业，看看你在市场中能否找到生存的空间和市场的空白，也是一个发现企业想法的好办法。

与伙伴或朋友一起进行这项活动会更轻松。如果你住在一个社区里，你可以走遍整个社区。如果你准备创业的地区在一个大城市，你可以访问工业区、市场和商业区。

三个“斑竹”的创业故事（三）：调查准备创业地区的企业情况

张华、王剑、孙梅思前想后，不能确定做什么项目好。三个人由于都喜欢并熟悉电脑，所以决定去学校附近的电脑市场转一转，看看有什么启发，能否发现市场空白。在电脑市场他们进行了一番细致、深入的调查，然后他们准备了一份电脑市场上所有企业的一览表：

我准备创业地区的企业一览表

贸易企业	服务企业	制造企业	农林牧渔业企业
20 个销售品牌电脑的公司 100 个电脑装机店 17 个光盘销售店 25 个二手电脑销售店 89 家电脑配件销售公司 30 个打印机及耗材销售公司 8 个冷饮、食杂店	19 个电脑维修店 2 个电脑信息供应商 3 个打印机维修店 6 个刻录光盘服务店 3 个视频文件编辑制作店	5 个电脑桌椅制造商	无

三个人对这个电脑市场作出了以下评价：

- 一般情况是，家庭、个人消费者喜欢买物美价廉的组装电脑，单位、机构消费者愿意买售后服务更完善但价格偏高的品牌电脑。
- 来电脑市场购物的顾客中年轻人最多，而且他们都比较追求时尚和个性。
- 现在随着人们生活水平不断提高，购买电脑及各类电脑相关产品的顾客越来越多，特别是在双休日顾客络绎不绝。
- 市场竞争激烈，电脑及电脑相关产品品种繁多，品牌林立。

然后，三个人列出了这个电脑市场上还没有的企业，而这些可能就是很好的创业机会。

我准备创业地区潜在企业一览表

贸易企业	服务企业	制造企业	农林牧渔业企业
电脑类书店 MP3 销售店	电脑装机顾问店 手机美容店	电脑鼠标垫制作企业 定制包装袋企业	无

能够找到一些可能的创业机会，他们感到很兴奋。他们选择了认为自己能做并且当地顾客可能需要的几种企业：

- 电脑类书店。
- 电脑装机顾问店。
- 时尚鼠标垫制作企业。

做练习 8

通过调查你准备创业地区的企业情况，产生更多可能的企业想法。

4．调查你所处的环境

发挥自己的创造力，在你想要创业的地区发现更多的企业想法。再看一看当地的现有企业一览表。如果一览表中已经包括了大部分当地市场，你可能已经看得出，当地经济的发展依赖于哪些产业。

分析你所处环境中的所有资源和机构，这有益于获得好的企业想法。考虑一下：

- 自然资源。
- 机构。
- 工业。
- 出版物。
- 商品展销会。

（1）自然资源

分析你所处的地方或家乡盛产哪些东西，这些东西可以用来制作有用的产品而不会破坏环境。自然资源包括来自于土地、农业、森林、矿产、沙漠、水中的各种材料。

例如，你家乡有浓郁地方特色的美食或小吃，而当地没有，可以考虑创办美食或小吃企业。

（2）机构

你所在的地区有没有学校、医院或政府机构？你认为哪些企业能够服务于这些机构？这些机构可能有诸如修理和清洁之类的需求，他们也许还需要文具、家具、清洁用品、食品或纸张等物资。一个机构可能就是一个大客户，为什么不去与他们聊聊，了解一下他们从哪里购买产品和服务，以及他们是否有不满意的地方？

（3）工业

你所在的地区有工厂吗？这些工厂需要什么样的企业提供服务？他们同样也会购买一些服务和物资。他们可能愿意雇用另一家企业去做一些他们的业务。你可能有机会获得分包的工作。分包是指为另外一家企业做一项工作，例如，一家机电制造公司或许会将他们收到的外版资料或文件的翻译工作分包出去。你可以与在那里工作的人谈一谈。

（4）出版物

各种印刷材料也能够帮助你找到一些好的想法。看看你能不能在当地学校或机构那里找到一个图书馆，你可以在里面查看产品目录、商业期刊和杂志，从中发现一些想法。也许可以找到一些当地短缺产品的照片，这些照片可以给你一些启发。你也可以常常翻看一些当地的报纸，上面常常介绍一些你可以在当地开办的企业或开发的产品的情况。另外，分类广告也可能给你启发，帮助你产生想法，一些有关发展趋势和其他地区不同企业的文章也有同样的效果。

（5）商品展销会

一些机构举办商品展销会，这些都能够帮助你产生企业想法，你要尽可能多参加这类商品展销会。

做练习 9

利用你所处的环境，产生更多可能的企业想法。

5．利用各种问题

一家企业以提供产品或服务来满足他人的需要，并以解决人们的问题来求得自己的生存与发展。在思考怎样创办企业时，有一个很有用的方法，就是去体会人们为满足自己的需要或解决各自的问题所遇到的难处。你可以从以下方面展开你的思路：

- **你自己遇到过的问题**——想一想你在当地买东西和需要服务时，曾碰到过什么问题。
- **工作中的问题**——在你为一家机构工作时，你也许注意到，某种服务不好或材料不足会影响你完成工作任务。
- **其他人遇到过的问题**——通过倾听其他人的抱怨，了解他们的需求和问题。
- **你所在的社区缺少什么**——在你生活的地区进行调研，看看人们缺少哪些服务。

创业小贴士

优秀的创业者善于从他人的问题中发现商机！

要知道：

- 如果人们无法获得所需要的产品或服务，这对创业者来说显然是一个填补空白的商业机会。
- 如果现有的企业提供的服务很差，对于新企业来说，这是一个提供更佳服务的竞争机会。
- 如果价格上涨很快，以至于人们连日常用品的价格都难以承受，就会存在机遇。去寻找更便宜的货源，或不那么贵的替代品，或成本更低、效率更高的分销系统。

三个“斑竹”的创业故事（四）：问题就是商机

张华、王剑、孙梅觉得调查顾客的抱怨也是一种不错的产生企业想法的方法，于是三人开始走访市场。五天后，三个人又聚在一起讨论。

张华说起有一天他在电脑公司上班时，听见一位正在买电脑的顾客抱怨说这么大一个市场怎么就买不到美观、时尚、有个性的鼠标垫。这句话给张华带来了灵感。现在电脑已经进入千家万户，在这个追求个性、时尚、潮流的时代，时尚鼠标垫正是一个很好的创业项目，市场前景一定很好。如果创办一家生产销售“e时尚鼠标垫”的企业，既可以发挥他们各自专业特长，又可以通过自己的双手实现创业的理想。

王剑和孙梅说到，他们前天路过一所小学门口，正在等待接孩子下课的家长们在一起抱怨附近没有什么好的家教服务机构，质量好的家教服务机构离社区太远而且收费很高，孩子的课外补习很困难。由此，王剑觉得家教信息服务中心可能是个不错的想法，因为在大学里学习好的同学很多，想通过做家教去勤工助学的同学也很多。

看样子利用别人的问题也可能找到一些好的创业构思，他们决定多出去走走，看看能否发现更多的企业想法。

做练习 10

利用各种问题，产生更多可能的企业想法。

6. 利用互联网

随着科学技术的不断发展，你会发现互联网已经和我们每个人的联系越来越紧密。互联网提供了各种关于企业的信息，这些信息为你寻找企业想法提供了一条非常好的途径。下面介绍几种利用互联网寻找企业想法的简单方法：

- 你可以到一些B2B（企业对企业）网站上看一看。这样的网站上往往会有很多企业对各种产品或服务的求购信息，这些求购信息可以帮助你发现市场上的需求。例如，阿里巴巴（china.alibaba.com）、中国制造网（cn.made-in-china.com）、敦煌网（seller.dhgate.com）等。
- 你也可以利用B2C（企业对顾客）的网站。这些网站上有数量众多的商家，提供很多新奇的产品，如果你发现有些产品在你准备创业的地区是买不到的，而且很多人对这些产品又很感兴趣，这也许可以给你提供一个创业想法。例如，淘宝网（www.taobao.com）、易趣网（www.eachnet.com）、有啊网（youa.baidu.com）等。
- 互联网还可以和上面讲述的其他产生企业想法的方法结合起来使用，例如，你准备利用自己的烹饪技能创办一家小餐馆，但是不知道到底创办一家什么样的餐馆比较好，你就可以利用一些搜索网站，如百度（www.baidu.com）等，了解一下近期人们对餐饮的偏好，同时也可以了解一些开办餐馆的相关信息。

互联网不仅可以提供很多企业想法，而且可以为你的企业提供创业场所和销售渠道。不过，你还要记住利用互联网创业同样有风险。

做练习 11

利用互联网，产生更多可能的企业想法。

创业小贴士

不管运用何种方法，产生企业想法时都要注意结合自己的特长、专业、兴趣、爱好以及市场需要，自己熟悉、擅长和有市场需求的领域更有潜力。

三、分析并筛选出最好的企业想法

为你计划创办的企业准备一张企业想法一览表。回顾一遍到目前为止你已经做过的各种练习，选出适合你的各种企业想法并把这些想法写下来，分析筛选前的整理工作很重要。

做练习 12

将你产生的企业想法汇总在一张企业想法一览表里。

1．筛选你的企业想法一览表

到目前为止，你可能已经有了几个甚至很多适合自己的企业想法。下一步任务是努力把这张一览表中的想法减少到 3~6 个，只留下最适合你的那些想法。

认真思考每一个想法，从企业想法一览表中选出最适合的想法。企业想法一览表中的企业可能还有很多方面是你所不了解的，不过通过回答以下四类问题来分析每个企业想法将帮助你作出选择。

（1）顾客

- 你怎么知道你所在的地区对这家企业有需求？
- 谁将是这家企业的顾客？
- 顾客的数量足够多吗？
- 顾客有能力购买这种产品或服务吗？
- 顾客愿意到你的企业购买产品或服务吗？

（2）竞争对手

- 你要创办的企业是你准备创业地区同类企业中的唯一一家吗？
- 如果有其他类似的企业，你如何才能成功地与它们竞争？

（3）资源和需求

- 你如何才能提供顾客需要的产品并保证服务质量？
- 你从哪里获得资源来创办这家企业？
- 你从哪里能够得到创办这家企业的建议和信息？
- 企业需要设备、厂房或合格的员工吗？
- 你能够得到满足这些要求所需的资金吗？

（4）你的技能、知识和经验

- 你对这家企业的产品或服务了解多少？
- 你有哪些技能、知识和经验能够帮助你经营这家企业？
- 为什么你认为这家企业会赢利？
- 你能想象未来十年中自己一直在经营这家企业吗？
- 你的个性和能力如何才能适应这家企业的经营？
- 你对这家企业是否确实很感兴趣，是否愿意投入大量的时间和精力促使企业成功？

三个“斑竹”的创业故事（五）：筛选合适的企业想法

张华、王剑、孙梅对准备创业的城市作了大量的调查和分析，并结合他们自己的能力、专长和资源，罗列出多个企业想法。其中一些想法对他们不再有吸引力，他们通过讨论最后选出了6个感兴趣的想法。以下是他们筛选这些想法的过程。

我的企业想法一览表		
想法	解释	
外文翻译服务	王剑的英语好，在学校里已经过了八级，但是没有其他外语的翻译能力。本地有同类企业，它们的规模很大，技术力量雄厚。	×
送餐企业	学校附近有很多写字楼。周围只有两家企业做这行，效益很好，有很多顾客。我们能搞清楚写字楼里的年轻人喜欢吃什么，愿意付多少钱，并且能赚到钱。创办的时候不需要太多钱。大量送餐可能会很累。	√
复印打字	为附近学校、写字楼提供复印、打字、标书装订服务。但是，我们不能肯定会有多少顾客，这种企业的门槛较低，竞争对手多。而且写字楼里绝大多数公司都有自己的办公设备。	×
家教信息服务中心	张华曾经做过家教，对家教行业有一定的经验，而且在大学里很多同学都想去做家教却没有办法获得家教信息，我们可以通过提供家教信息获得很高的利润。现在家长对孩子的教育很舍得投入，愿意为此付费。	√
电脑类书店	我们都喜欢看电脑类书籍和杂志，而且电脑市场上没有这种企业。但是我们没有经验，而且创办电脑类书店需要许多资金。可能会有很多顾客，不过许多人买电脑类书籍都会到书籍批发市场去买，因为那里的书籍价格很便宜。	×
时尚鼠标垫制作企业	随着经济发展和人们生活水平的提高，电脑已经进入千家万户，电脑配件的需求也越来越大，而且越来越多的人开始追求新潮和时尚的个性化产品。越来越受人们喜欢的时尚鼠标垫，特别是设计新颖的个性时尚鼠标垫，市场前景非常好。张华在电脑公司工作过，了解顾客的需求。孙梅的图案设计能力很强，可以设计出顾客满意的产品。这种企业主要靠创意获得利润，投资并不大。市场现有的鼠标垫产品款式少，图案设计简单。	√

张华他们看了一遍，勾选出其中三个想法作进一步分析：

- 送餐企业。
- 家教信息服务中心。
- 时尚鼠标垫制作企业。

做练习 13

筛选你的企业想法。

2．分析你的企业想法

现在你已经将你认为最适合的企业想法减少到了三个。你还需要搜集关于这些想法不同侧面的更多信息。你的目的是分析你接受或放弃一个企业想法的各种因素。以下是你可以用来分析企业想法的三种方法。

- 实地调研。
- SWOT 分析。
- 环境影响评估。

（1）对你的企业想法进行实地调研

通过与顾客、供应商和企业界人士交谈，你能够收集到一些十分有用的信息，用以了解那些影响你的企业想法的因素。你可以安排非正式的讨论并进行观察，或者安排正式的访问和会谈。访问比较费时间，实地调研表明你已经像一名成功的企业人士那样开始行动了，并且当你创办企业时，你在访问过程中交往的一些人员对你也是很有用的。

以下表格可以帮助你进行实地调研：

访谈的对象	访谈的问题	注意事项	准备工作
顾客 （现有的顾客和潜在的顾客）	● 你在哪里购买这个产品或服务？ ● 你为什么从××那里购买？ ● 你多长时间买一次，什么价格，服务质量如何？ ● 你觉得有什么地方可以改进吗(如样式、包装等)？ ● 如果是新上市的产品或服务，可以问他们哪些因素很重要，如样式、质量、包装、服务、地点、送货、价格等。	● 出示你自己产品的样本或照片可能很有用。 ● 最好问一些能引起人们认真思考的问题。 ● 在问价格时，给出一些具体的价格，并问他们认为哪个价格最合理。	● 用笔把人们说的话记下来，如果人们介意你做笔记，记住他们说过的内容，之后尽早把这些内容整理并记录下来。 ● 带一张问题清单去问问题，但要让交谈自然地进行。用一个话题引出另一个话题。 ● 不要问那些可以简单回答的问题，而要问开放式问题，如谁、什么、为什么、哪里、何时、如何等。 ● 不要担心一个问题接着一个问题。 ● 每次提问只问一个问题。 ● 重复对方的回答，确保你正确地理解了他们说的内容。
竞争对手 （身边的或其他地方的同类企业）	● 人们多长时间购买一次这样的商品，买多少？ ● 有多少竞争对手已经在提供我这样的产品？ ● 对这种产品的需求数量是不变的还是在不断变化的？	● 竞争对手是不会轻易回答你的问题的，往往需要你尝试到他们企业里进行消费或者观察。 ● 你可以去另一个地方与你的间接竞争对手交谈。 ● 实力雄厚的竞争对手常常对市场的了解更全面。	
供应商、批发商 （成品、半成品、原材料）	● 你认为人们还需要什么，未来趋势如何？ ● 贸易和服务企业的商品供应商：供应有保障吗？容易拿到货吗？能拿到什么样质量和什么价格的货？需要什么样的库存、包装、维护？ ● 原材料批发商：购买一定数量的原料要付多少钱？供应有保证吗？还有谁供应这些原料？这些原料在库存、运输或使用方面有哪些特别的要求？	● 专业市场和批发市场的信息比较集中、全面。 ● 不论供应商和批发商规模大小，都应该调研。	
关键信息提供者 （很有用的交谈对象）	● 你认为市场对这种产品或服务的需要量有多大？需求量的变化情况如何？ ● 你认为促使人们购买的最重要因素是什么？ ● 你认为这个企业的发展趋势是什么？ ● 人们对产品有某些方面的需要，是根本无法实现，还是很难达到？ ● 你认为人们还需要什么？	● 关键信息提供者是对你准备进入的企业领域很了解或对你的潜在顾客很了解的人。 ● 关键信息提供者可能是大公司的经理或采购人员、机构的行政人员、你的主要客户、政府机构人员、非政府组织人员、行业专家等。	

三个“斑竹”的创业故事（六）：实地调研

张华、王剑、孙梅选择创业是希望干自己的事业，他们认为这是人生中的一个重要转折点。可是自己做生意毕竟与给别人打工不同，他们很认真地分析比较了几个方案以尽量降低创业的风险，认为企业要量力而行，从小做起，逐步发展。许多成功创业的人士不都是用很少的资金干起来的吗？

他们决定先对“e时尚鼠标垫”展开调研。学过平面设计的孙梅先在电脑上绘制了两幅个性鼠标垫的效果图，一个底面为金黄色，中间摆着一个诱人的大苹果；另一个是法国最新流行的一对接吻鱼，两条鱼亲吻时吐出的泡泡正好形成了一个红色的“LOVE”图案。当他们把这两个图案拿到电脑城时，一个业务员连声叫好：“这种鼠标垫太时尚了，如果价格合适我就先订100个！”张华的朋友在一家大型公司客户部工作，正为购买公司赠送给顾客的礼品发愁，孙梅设计了一幅带有这家公司商标的精美鼠标垫效果图，张华带去给他的朋友看后，他的朋友非常满意并愿意与他们长期合作。得到了如此多的肯定，他们三人更加坚信个性鼠标垫制作有很大的市场前景。

但是，他们还是决定对其他两个初步选定的企业想法也进行一次实地调研。

做练习 14

通过实地调研来分析你的企业想法。

(2)对你的企业想法进行 SWOT 分析

当你实地搜集完企业机会和风险方面的信息后，你就可以做SWOT分析了。这种分析可以帮助你集中考虑每个想法可能存在的问题和潜在的优势。

SWOT 分析法是由美国旧金山大学的管理学教授韦里克提出的，常用于竞争环境分析，意思是：

S　优势（Strength）

W　劣势（Weakness）

O　机会（Opportunity）

T　威胁（Threat）

优势和劣势是企业内部因素

为了分析一个企业想法的优势和劣势，你要看看计划创办的企业的内部情况，即这个企业的优势是什么，劣势是什么。

- 优势指你计划创办的企业的积极方面。与同类企业和竞争对手相比，这些积极的方面将有利于你的企业。优势可能是你计划出售质量更好的产品，或是你计划选一个离顾客更近的地点。
- 劣势是你的企业弱点或不太擅长的方面。也许你的成本很高，因为你的企业远离供应商，你不得不多付运输费。

机会和威胁是企业外部因素

为了分析你计划创办的企业会面临的机会和风险，你要掌握这个企业的外部情况，即外部环境。你要清楚外部环境的哪些方面对企业有利，哪些方面会对企业产生负面影响。

- 机会指周围对企业有利的潜在发展机会。例如，由于越来越多的游客来你的国家观光，你计划生产的产品需求量将会增加。
- 威胁指可能发生的对企业产生负面影响的事情。例如，企业想法太简单，以至于其他人也可能在这个地区开办类似企业，这样就减少了你的市场份额。

三个“斑竹”的创业故事（七）：SWOT 分析

张华他们商量，准备在当地办一家时尚鼠标垫制作企业，在实地搜集了相关信息之后，对所选创业想法做了 SWOT 分析。

企业内部

优　势		劣　势	
张华在电脑公司工作过，有很多相关行业经验	*	没做过电脑鼠标垫生意	*
孙梅设计能力强	*	缺少生产鼠标垫的专业技能	*
王剑在学校里学习过企业管理知识	*		
三个人的创业团队目标一致，知识水平高，非常团结	*		
对电脑用户的需求非常了解	*		
合计	5 个	合计	2 个

企业外部

机　会		威　胁	
电脑的用户越来越多，对鼠标垫的需求越来越大	*	市场上同类竞争者非常多，甚至有许多外地的企业也构成竞争	*
现有市场上同类产品款式少，图案简单无创意	*		
原材料、设备购买方便	*		
政府对大学生创业有优惠政策	*		
合计	4 个	合计	1 个

优势比劣势多吗？　　是☑　　不是☐

优势的星号（*）比劣势的多吗？　　是☑　　不是☐

机会比威胁多吗？　　是☑　　不是☐

机会的星号（*）比威胁的多吗？　　是☑　　不是☐

我将如何应对劣势和威胁？向设备供应商学习产品生产和制作技术；向有创业经验的成功人士学习经验；对同类的几家企业进一步调查了解情况。

在实地搜集信息之后，张华他们又对其他两个企业想法做了SWOT分析，并决定继续为时尚鼠标垫制作企业制订一份企业计划，因为创办时尚鼠标垫制作企业的优势多于劣势，而且一些劣势很容易克服。与此同时还存在不少机会，因为对时尚鼠标垫的需求将随着人们生活质量的提高而不断增加。

做练习 15

为你选择的三个企业想法做 SWOT 分析。

当你做完 SWOT 分析后，你应该能评估你的企业想法的可行性并作出决定：

- 坚持自己的企业想法并进行全面的可行性研究。
- 修改原来的企业想法。
- 完全放弃这个企业想法。

创业小贴士

SWOT 分析只是一种工具，最终的判断（决策）必须由你自己作出。

三个“斑竹”的创业故事（八）：抓住市场机会

经过一系列的分析、调查和研究，张华他们决定创办一家既有市场前景，又能充分发挥自己专业特长的生产销售“e 时尚鼠标垫”的企业。张华他们决定采取几项措施：

一是发挥自己的优势，注重产品的设计和创意，产品设计不断推陈出新，永远做别人没做过的产品，而这正是自己的强项。

二是抓住外部市场机会，不局限于做鼠标垫，将来也可开发装饰礼品系列产品。

三是扭转自己的劣势，由于资金不多，所以产品突出个性，靠设计和创意卖出好价格，不与低端产品打价格战。

四是规避外部的威胁，以销定产，避免库存积压。

五是逐步扩大销售渠道，并利用网络制作中英文的公司网页，不仅提供产品给本地客户，还要把产品卖到其他地区。

但是，他们还是觉得这个想法还有很多不完善的地方，比如市场营销、人员分工、登记注册、资金需求、产品定价等问题还没有想清楚，还需要进一步进行全面的可行性研究。

（3）评估环境影响

所有的企业都是我们生存环境的一部分，并与环境息息相关。环境由物质要素（如水、空气和土壤）、生物成分（如植物和动物）以及社会成分（像你我一样的人）构成。

下图表明企业对环境产生的直接和间接影响。企业要为原材料开采和从环境中获取其他资源买单，在将这些资源转变为产品的过程中会对环境产生影响，最后，还要在环境中与顾客进行产成品交易。

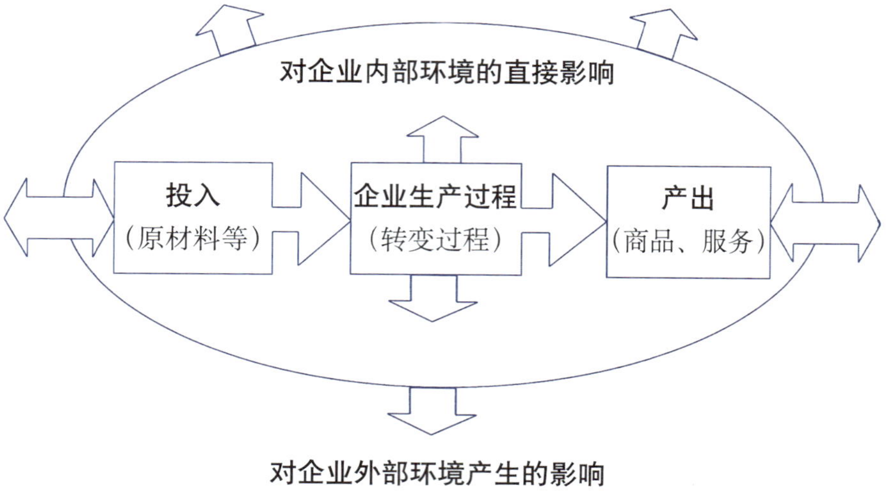

一家企业对其环境的影响既可能是积极的，也可能是消极的。例如，企业对环境产生积极影响，因为它向人们提供了就业和收入。另一方面，企业也可能对环境产生消极影响，因为它可能会开采大量的非再生资源，或在生产过程中污染环境。

为了保证你计划创办的企业能够长期生存和可持续发展，你必须保证将企业对环境的负面影响降到最低程度。如果你无视你的企业对环境产生的负面影响，你将会遇到很多问题。如果你的企业不遵守环境保护的法律法规，政府有关部门可能会拒绝给你的企业注册。如果你的企业污染了当地环境，你的邻居和整个社区（其中有你的顾客）可能会联合起来抵制你。如果你的生产过程给你的员工带来职业健康和安全方面的隐患，他们可能会拒绝为你工作。

评估环境影响帮助你确定企业可能会对环境产生的负面影响。作为分析的一部分，你要使你的企业排放于环境中的污染物质达到合格标准。你还要具体说明计划采取哪些措施使企业对环境产生的负面影响降到最低程度。

下面所建议的评估环境影响的方法很简单，可以帮你快速筛选你的企业想法。

- 核对你计划创办的企业是否在国家环保部门交由当地环保部门审批的企业经营范围名单内。你可以到当地环保主管部门查询相关的法律法规。
- 具体说明你的企业可能造成的污染，如水污染、固体垃圾污染、空气污染、噪声污染等。

小　结

一个出色的企业想法是企业成功的基石。科学的方法能够帮助你寻找到一个好的企业想法。你应该通过大量的调查研究、细致的分析筛选来确定适合自己的企业想法，以便进一步分析评估企业想法的市场前景。

本步学习的内容要点归纳如下：

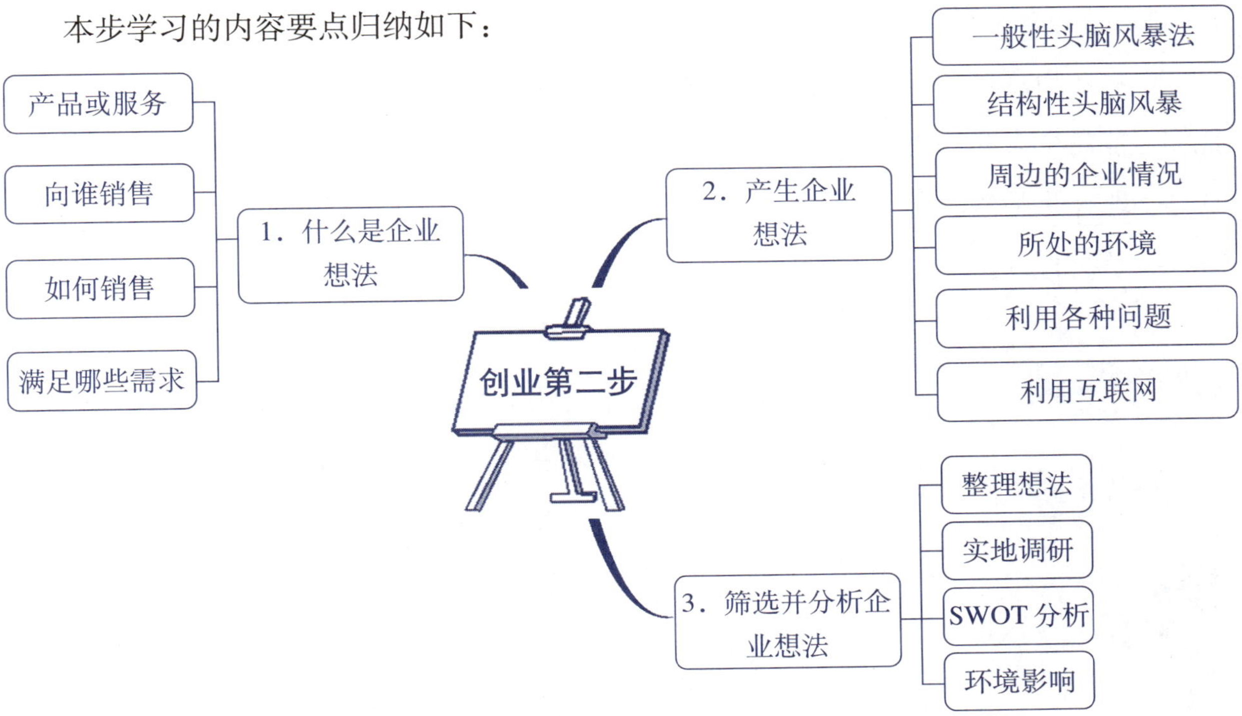

第三步　如何评估你的市场？

学习目标：

- 了解市场和市场营销的基本概念。
- 掌握制订市场营销计划的方法。
- 能够做自己企业的销售预测。

通过前两步的培训，你已经有了明确的创业项目。现在，你需要学习市场营销的知识，评估你要创办的企业生产的产品或提供的服务有没有市场。在这一步，你将学习怎样识别潜在的顾客，了解他们各个方面的信息以及竞争对手的情况。你可以利用这方面的信息制订你的市场营销计划，它将成为你的创业计划中一个重要的部分。一个切实可行的市场营销计划能帮助你满足顾客的需求，占有和拓展市场。

一、了解市场与市场营销

1．什么是市场

市场是指需要你的产品或服务的顾客，这些顾客愿意购买并且具有一定的购买能力，他们可能是个人或其他企业，包括：

- 现有的顾客。
- 潜在的顾客。

比如，很多地区都有大量的书店，这里的市场就是所有需要图书并花钱购买的消费者，或未来可能在这里购买图书的人。

再如，围绕中小学校园的“托管中心”或“休息中心”，很多中小学生在那里就餐和休息，但它们的市场并不是这些中小学生，而是给这些学生花钱的学生家长，或其他愿意花钱的人。

2. 了解市场营销观念

围绕产品的生产和销售，企业有过三种不同的观念：

- 产品导向观念。
- 推销导向观念。
- 顾客导向观念。

产品导向观念与推销导向观念都片面强调通过增加销售量获取利润，产品导向型企业相信“好货一定有人买”，重视生产效率和产品质量，而不是顾客的需要。推销导向型企业认为推销是万能的，企业应主要依赖销售队伍和广告促销扩大销售量。这两种观念在企业发展的一定阶段是适用的，然而它忽视了市场的基本规律，很难适应市场的变化、满足顾客的需求和保持持续的发展。

顾客导向观念，也叫市场营销观念，强调了解并满足顾客的需求，才能获得持续的利润。如果顾客满意，他会：

- 购买更多的产品。
- 长期认同企业的品牌。
- 为企业传递良好的口碑。
- 对价格不太敏感。
- 容易接受新产品，节约企业推广成本。

创业小贴士

市场营销是指企业以顾客需求为核心，通过整合相关的市场活动，使顾客满意，企业赢利。

二、了解你的顾客（市场）

1. 了解顾客的意义

顾客是你企业的根本，如果你不能以合理的价格向他们提供他们需要的产品，他们就会到别处去购买。对你感到满意的顾客会成为你的回头客，他们会向自己的朋友和他人宣传你的企业。让顾客满意，就意味着会给你带来更多的销售额和更高的利润。

创业小贴士

记住，没有顾客，你的企业就会倒闭！

顾客购买产品或服务是为了满足不同的需求：

- 他们购买自行车，是因为他们需要交通工具。
- 他们购买漂亮衣服，是为了使自己的外表更美观得体。
- 他们购买电视机，是为了获得信息和娱乐。
- 他们购买防盗门，是为了居家安全。
- 他们购买计算机，是为了学习和办公。

2．寻找你的目标顾客

寻找你的目标顾客一般分为两个步骤：

- 顾客细分。
- 目标顾客选定。

顾客细分是将市场划分成不同类型顾客的过程。不同的顾客可能需要不同的产品和服务。顾客细分能帮助你了解到：

- 潜在的顾客在哪里，国内、国外、农村、城市？
- 顾客有哪些，个人、单位、成人、儿童？
- 顾客的职业特征、生活方式。
- 顾客的消费习惯。
- 顾客的消费潜力。

目标顾客选定是指对每一类细分顾客的分析，看看哪一类顾客对你来说是有潜在价值和吸引力的，并选择一个或多个人群作为你的未来营销目标。它能帮助你弄清：

- 你打算向哪一类顾客销售你的产品或服务？
- 他们想要什么产品或服务？
- 他们的职业特征、购买习惯是怎样的？
- 他们未来是增加还是减少？

通过顾客细分和目标顾客选定，你将清晰地找到你的企业未来的市场。下面，你需要对目标顾客的信息做进一步的深入调研。

三个“斑竹”的创业故事(九):找到自己的市场

张华、王剑、孙梅三人通过请教大学相关专业的老师和经商的朋友，知道了如何才能了解市场的行情。三人经过讨论分工，决定由张华和王剑负责走访市场、拜访客户，孙梅负责上网查询。

经过二十多天的调查，三人了解到，仅在他们所在的城市就有计算机超过30万台，而所有计算机用户中至少有90%以上有使用鼠标垫的习惯。更重要的是，鼠标垫不仅是个人计算机用户的通用电脑配件用品，也存在巨大的个性化定制的需求，如当下很多企业会将鼠标垫作为企业形象和品牌VI系统的载体或广告宣传的平台。目前鼠标垫的销售途径主要有电脑市场、时尚商店和计算机销售商随机赠送等。现在市场上鼠标垫根据质量、品牌、款式、功能的不同价格在2~100元之间，其中价格在50元以下的占大多数。鼠标垫的款式大致有单色、时尚图案、人体工程等几大类。

了解到上述信息后，张华、王剑、孙梅认为他们选定的这个项目市场是巨大的，但竞争也比较激烈，经过反复地讨论和研究，三人决定，他们将以定制、销售“e时尚鼠标垫”为主，将目标客户锁定高端个人客户和企业集团客户。针对高端个人客户，推出客户指定图案的个性鼠标垫，可以一片鼠标垫起订，价格在16元左右，采取网络营销的方法；而针对企业集团客户，推出以企业VI和产品广告为图案的个性鼠标垫。由于这类客户一般起订量较大，可以实行打折销售、量大从优的优惠措施，价格在14元以下，主要采取上门推介和电话营销的方法。

3. 收集目标顾客信息

收集顾客的信息，就是做顾客方面的市场调查，这对任何创业计划都是很重要的。要全面、细致地了解谁是你的顾客(Who)、他们需要什么(What)、他们何时购买(When)、他们在哪里购买(Where)、他们为什么购买(Why)，通常称为市场的“5W”。

为了帮助你了解顾客的情况，你可以提出下面这些问题：

- 你的顾客在哪儿？他们一般在什么地方和什么时间购物？
- 顾客购买的目的是什么？
- 顾客想要什么产品或服务？每个产品或服务的哪个方面最重要？规格，颜色，质量，还是价格？
- 顾客愿意为每个产品或服务付多少钱？
- 他们多长时间购一次物，每年，每月，还是每天？
- 顾客希望在哪里购买？购买的数量是多少？
- 顾客数量在增加吗？能保持稳定吗？
- 为什么顾客购买某种特定的产品或服务？

创业小贴士

通过做顾客调查，你可以得到上述这些问题的可靠答案，有助于你判断你的企业构思是否可行。

4．收集顾客信息的方法

通常企业会采用市场调查的方法来收集、处理和分析有关信息。市场调查的方法多种多样，一般做顾客需求调查的方式有以下几种：

- **问卷调查**——通过发放书面问卷的方式，采集顾客的信息，分析研究。
- **行业信息**——你可以从业内人士那里了解本行业市场大小方面的有用信息。要了解某一产品的市场份额以及顾客的需求和意见并不难，你可以与该产品的主要销售商（批发商）聊聊，听听他们怎样说；也可以通过阅读行业指南、报纸、商业报刊和杂志来了解你需要的信息。

- **抽样访问**——拜访潜在顾客，看一看到底有多少人想买你的产品。

三个"斑竹"的创业故事（十）：调查顾客需求

张华、王剑和孙梅根据学习到的市场调研的方法，在确定了目标市场后，再次对目标客户进行了深入的调研。他们先后走访了市区内拥有电脑数量较多的公司26家，拥有100台以上电脑的网吧8家以及68位个人消费者。在两周的时间里，他们几乎踏遍了城区的大街小巷。他们采取的方法是，以大学生社会调查的名义先打电话预约，然后登门拜访。他们的方法很有效，很多公司、单位和网吧，都很高兴地接待了他们。对个人客户，他们主要发动同学联系比较熟悉的人，也得到了良好的回应。经过两个星期的努力，他们了解到，除个别大公司之外，目前大多数公司和单位电脑的鼠标垫都是随意采购或随机赠送的，这些客户普遍都能接受在鼠标垫上印上自己企业的标识或产品的广告，把这些时尚鼠标垫作为公司的办公设施或赠送客户的礼品。他们希望的价格平均在10～30元，但其中销售电脑的公司由于要把鼠标垫作为礼品赠送给客户，需求量比较大，因此他们也希望能拿到10元以下的价格。在他们走访的个人客户中，有50%的客户希望鼠标垫上能有自己独有的图案，如自己或爱人的照片、宠物的照片、特别喜欢的个性图案，他们普遍认为如果特别定制，20元的价格也是可以接受的，但这些客户多半希望能够送货上门、货到付款，其中打算把鼠标垫作为礼物赠送的还希望能配备精美的包装。

创业小贴士

在实际的市场调查过程中，应根据具体调查目标和对象的不同而采用不同的方法。

做练习 16

把你的企业想法再斟酌一下，明确你的企业构想。

做练习 17

把你的企业潜在顾客的特点记录下来，充实你的企业构想。

三、了解你的竞争对手

1．了解竞争对手的意义

对市场进行调查，只了解你的潜在顾客的情况还不够，你还需要了解竞争对手的情况。因为你将与提供相同或类似产品或服务的企业竞争，这些企业将是你的竞争对手。

通过了解竞争对手的情况，你可以学到很多东西。了解他们做生意的方法，可以帮助你去琢磨怎样使你的企业构思变成现实。

创业小贴士

不要把竞争对手当做敌人，有时候他们是你的老师！

2. 收集竞争对手信息

你可以通过回答下列问题来了解竞争对手的情况：

- 他们提供的产品或服务的价格怎样？
- 他们提供的产品或服务的质量如何？
- 他们如何推销产品或服务？
- 他们提供什么样的额外服务？
- 他们的企业坐落在地价昂贵还是便宜的地方？
- 他们的设备先进吗？
- 他们的雇员受过培训吗？待遇好吗？
- 他们做广告吗？
- 他们怎样分销产品或服务？
- 他们的优势和劣势是什么？

把你通过调查收集到的信息做一番整理，然后回答下列问题：

- 成功的企业有相似的运作方式吗？
- 成功的企业有相同的价格政策、服务、销售或生产方法吗？

创业小贴士

就像收集顾客信息那样，以同样的方法分析你的竞争对手。

三个“斑竹”的创业故事（十一）：收集竞争对手的信息

张华他们专门到市内比较集中的电脑耗材销售市场“高新电脑城”和“百脑汇电脑城”进一步了解了销售鼠标垫的商家情况。在他们走访的十几家销售鼠标垫的商家中，有以下几种情况：销售高档鼠标垫的，他们主要代理知名品牌，然后批发给其他商家，产品价格根据产品档次不同，一般在20元至上百元；销售中低档鼠标垫的占大多数，他们直接从厂家订货，然后向其他商家发货，价格在几元至几十元不等；能够为客户设计制作鼠标垫的只有一家，他们直接把客户的要求发给位于浙江的厂家，厂家负责设计和生产，产品价格也比较高，销售单价在30元左右，并且只针对订货量很大的集团客户，服务速度较慢。此外，孙梅还从网上了解到，现在网上能够定制鼠标垫的商家也很多，但这些商家普遍采取网上付款和邮寄送货，手续繁杂，客户等待周期比较长。

经过这些调查，张华、王剑和孙梅的信心更足了，他们看到了自己的机遇：本地电脑用户大约有30万，而个性鼠标垫的需求量在逐年增加，如果利用网络渠道销售，市场将更为广阔。更重要的是，通过调查，他们了解到不少在湖南地区生产鼠标垫的厂家的信息，他们多半为别人代加工产品，设计能力一般，服务速度和观念有一定差距，而设计能力、快捷服务和观念正是自己的强项。

做练习 18

记下你的潜在竞争对手的优势和弱点。

四、制订市场营销计划

1. 什么是市场营销计划

企业市场营销计划是以顾客为中心，为了达到营销目标而制订的详细的营销战略和具体的行动方案，它向我们指明企业的发展方向，是企业各部门工作的核心和龙头！

创业小贴士

市场营销计划使整个企业以顾客为中心！它是一种关键的行动计划，帮助你实现预期目标。

将企业目标转化成企业营销计划

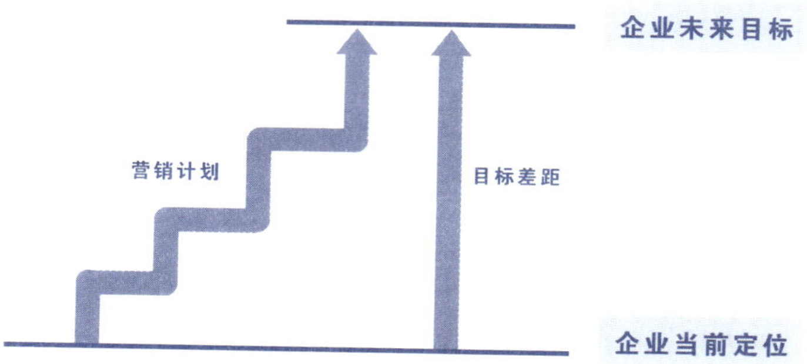

一个有用的市场营销计划包含以下几个部分：

- 收集与筛选相关信息。
- 分析和确定目标顾客。
- 针对目标顾客采取有效的营销策略。
- 各个任务的执行人、时间、需要资源等。

市场营销计划可以帮助中小企业主：

- 清楚、直观地了解企业发展方向。
- 明确实现企业目标的重要步骤、时间及所需要的资源。
- 制定企业营销活动目标、任务和分工。
- 确定目标顾客和提供的产品、服务。
- 提供活动预算和日程。

同时，你可以：

- 为你企业的每种产品及市场制定专门的市场营销策略。
- 使用市场营销实战计划安排市场营销活动，明确职责，监督和控制实施过程。

2. 制订市场营销计划的方法

你在制订市场营销计划时，需要紧紧围绕满足“顾客需求”这一核心，考虑以下几个方面：

- 向你的顾客提供他们需要的产品或服务。
- 为你的产品或服务制定顾客们愿意支付的价格。
- 为你的顾客生产和出售产品或提供服务的场所。
- 用什么样的促销方法来让你的顾客了解并吸引他们购买你的产品或服务。

即从市场营销的四个方面，即产品（Product）、价格（Price）、地点（Place）、促销（Promotion）着手，设计、组合营销的策略。因为这四个词英文的第一字母都是P，所以简称“4P”。

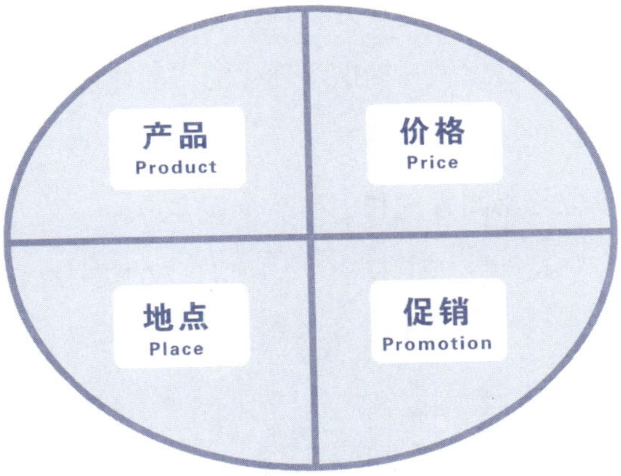

（1）产品

产品是指你计划向顾客销售的东西。你要决定你想出售的产品的类型、质量、颜色和规格等。如果你的企业是服务型企业，那么所提供的服务就是你的产品。例如，文秘类企业的产品就是它们可提供的打字、记账和影印等服务项目。对于零售商和批发商来说，产品是指那些性能、价格和消费需求相近的物品。比如，一家商店会把所有水果罐头归为一类。

此外，产品的概念还包含与产品或服务自身有关的其他属性，如产品的质量、包装、售后服务等。一个完整产品的属性可以包括三个层次，如下图所示。

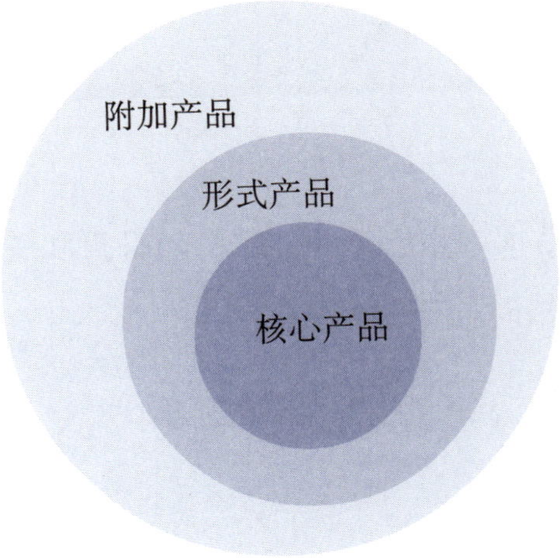

- **核心产品**——指产品的使用价值，如人们购买自行车是为了出行方便。
- **形式产品**——指产品的质量、设计、包装、品牌等要素，如人们购买生日蛋糕都需要精美的包装。
- **附加产品**——包括区别不同产品的附加服务和价值，如一家电脑经销商为购买电脑的顾客提供免费培训服务。

企业主应该认识到，一种产品的生命是有限的，一般会经历新产品投放、成长、市场逐渐成熟、市场慢慢衰退等阶段，选择或开发新的替代产品是企业经营中预先要计划的工作。

但是，一个新产品的开发往往带有较大的风险，而且需要付出巨大的成本，企业必须对目标顾客、市场和竞争对手有深入的了解，才能开发出顾客需要的产品。

三个“斑竹”的创业故事（十二）：产品决策

根据前面初步从市场调研了解到的信息，张华、王剑和孙梅认为：鼠标垫作为电脑的常用配件，市场非常巨大，但考虑到目前市场上各种款式和功能的鼠标垫比较多，所以要想创业顺利，就必须找到自己的细分市场，为目标顾客提供个性化的产品才能吸引顾客购买、赢得顾客信赖。他们最终作出的产品决策是：

顾客——锁定公司、单位等集团客户和中高端个人客户。

产品特色——为集团客户设计制作带有企业VI和广告的鼠标垫，为个人客户制作个性定制图案的鼠标垫。

产品规格——矩形、圆形、动物型或客户指定型。

产品设计——由团队中的孙梅负责设计，必要时请孙梅的同学老师参与设计，设计突出新颖、卡通、艺术化。

产品包装——使用简洁、大方、环保的纸盒包装，提高档次。

产品服务——定制产品，邮寄或送货上门。

做练习 19

作出你的产品决策。

（2）价格

价格是你用产品要换回的钱数。但实际收入还会受其他因素的影响，如产品打折和赊销。在确定了产品之后，你要为其定价。在制定产品价格时，你必须知道：

- 你的产品的成本。
- 顾客愿意出多少钱买你的产品。
- 竞争者同类产品的价格。

在本书的第七步，你将学会如何核算产品或服务的成本。在第八步，你将学习到如何利用产品的成本并考虑市场竞争的因素来制定产品的价格，也就是通常说的成本加价法和竞争价格法，你必须收集顾客能接受的价格和竞争者的价格等信息，然后确定你认为合适的价格。

为了获得利润和吸引顾客，产品定价还有一些常用的技巧和方法：

- **尾数定价法**——使你的产品价格看起来更具有吸引力，比如，一个买练习本的商家把本子的价格定在1.99元，而不是2元，虽然只差1分钱，但顾客心里会感觉少了很多。
- **撇脂定价法**——在你推出新产品的时候，因为市场竞争小，可以把价格定得高一些，期望获得较高的利润，但是这种方法只有在特定情况下才可以使用。
- **渗透定价法**——与撇脂定价法相反，这种定价策略是希望快速进入市场并占有较大市场份额，定价时价格略高于总成本即可，企业利润来自于“薄利多销”。
- **差别定价法**——你可以针对不同类型的顾客制定不同的销售价格，比如，对于大批量订货的顾客给予一定的价格优惠，“量大从优”可以吸引那些有购买能力和购买需求的顾客。

三个“斑竹”的创业故事（十三）：价格决策

张华、王剑和孙梅在调研中最深刻的体会是：普通鼠标垫的价格非常混乱，竞争很激烈，从两三元到十元不等，购买这一类商品的顾客很在意商品价格。各类时尚鼠标垫价格差距很大，从二三十元到百十元都有，购买这一类商品的顾客更看重时尚鼠标垫的造型图案和文化内涵。如何制定有竞争力还能保障利润的价格，需要考虑以下几个问题：一是仔细衡量自己产品的成本，同时考虑到销量有限，要保障足够的利润空间；二是要参考同类产品的市场价格，自身产品定价；要有一定竞争优势；三是如何以更好的服务来提升产品的价格。基于以上几点考虑，他们采取的价格决策是：

针对个人和客户提供邮购（不含邮费）和货到付款两种方式，价格根据产品式样、规格定在16元左右。因为单位、集团客户的订货量较多，按个人客户产品价格的8～9折优惠计算，价格定在12.8～14.4元，这样对于市场同类产品来说，有比较大的竞争能力，只要成本控制好，还可以保证足够的利润以尽快收回投资。

做练习 20

记下你为自己产品所作的价格决策。

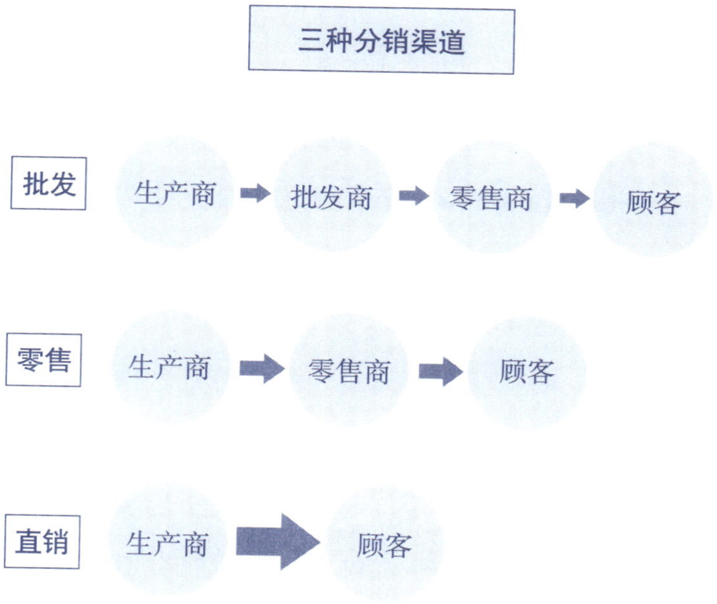

（3）地点与分销

地点是指你把自己的企业设在什么地方。如果你计划开办一家零售店或一家服务企业，地点对你来说非常重要，你必须把它设在离顾客较近的地方，这样便于顾客光顾你的店铺。一般来说，如果你的竞争者离顾客较近，顾客就不会跑很远的路来你的商店。

而对制造商来说，离顾客远近并不是最重要的，最重要的是能否容易地获得生产所需的原材料。这就是说，工厂或车间应该设在离原材料供应商较近的地方。同时，能获得低租金的厂房对于制造商来说也很重要。

分销是指采用什么样的方式让顾客方便地得到你的产品。一般来说有如下方式：

- **直销**——指生产商直接把产品销售到顾客手中，减少了中间的环节。
- **零售**——是生产商把产品卖给零售商，零售商又把产品卖给顾客的一种方式。
- **批发**——这种方式中，生产商以追求销量为目标，把产品大量批发给批发商，批发商又转卖给零售商，通过零售环节卖给顾客。

创业小贴士

随着电子商务的发展，越来越多的商家利用网络销售产品、提供服务，这也是大学生创业应该了解和使用的重要商业模式。

采用什么样的分销方式和产品的类型、企业的性质密切相关，也和企业的规模、目标市场有关联。

三个“斑竹”的创业故事（十四）：地点与分销

经过多次市场调研，张华、王剑和孙梅考虑到时尚鼠标垫要针对每一个客户突出个性化设计和制作，这类产品的生产、销售量会比较低，势必影响企业利润。所以，他们决定，创业初期采取上门直销和网络营销的方法，不委托其他商家代理销售，而是直接向终端客户销售。这样可以保障利润空间，也能解决他们机器较少带来的生产数量有限的困难。

直销以本市大型企、事业单位为主要顾客。网络销售针对那些喜欢网上定制个性化产品的高端客户。

由于是上门销售和网络营销，不需要占用经营场地，而且鼠标垫的设计、制作对场地也没有特殊的要求，所以，他们决定创业初期先在城乡结合区的地带租几间比较便宜的写字楼作为生产、加工的厂房。平时吃住都在那里，也节约了往来的交通费用。

做练习 21

记下你创办企业的地点和采取的分销渠道信息。

（4）促销

促销是指把你企业的产品信息传递给顾客，吸引他们来购买你的产品。促销通常有四种方法：

- **广告**——向你的顾客提供产品信息，让他们有兴趣购买你的产品。你可以通过报纸、广播或电视做广告。招贴画、小册子、铭牌、价格表和名片也是给你的企业和产品做广告的方法。
- **营业推广**——当顾客来到你的企业或以其他方式与你接触时，你要想方设法让他们买你的产品。促销的手段很多，例如，你可以用醒目的陈列、展示、竞赛活动吸引顾客，也可以用买一赠一的方式刺激顾客的购买欲。
- **公共关系**——企业多做一些公益活动来树立形象和口碑，提高顾客对品牌的认识和忠诚，比如小型赞助、媒体文章、演讲，也可以义务地举办一些社区活动来达到效果。

- **人员推销**——派企业的人员进行面对面的销售，有时是最有效的促销工具，上门做销售推广，组织一些销售会议或举办博览会、交易会等活动来推广产品。

促销很费钱，但奏效的促销方法可以使你的产品很快占领市场。为达到促销目的，要充分考虑企业的具体情况，然后再决定对你的企业奏效的促销方式，一般要考虑以下几个要素：

- **产品类型**——直接面向消费者的产品，选择广告促销的比较多，生产批发工业品的企业，则往往选择人员推销。
- **顾客认识**——在顾客了解产品的阶段，广告与宣传有积极的作用，在顾客比较产品时，人员推销直截了当。顾客有购买意向的时候，营业推广和人员推销效果最为明显。
- **产品生命周期**——新产品上市，采用广告与公共关系能迅速辐射市场，建立产品知名度；在产品成熟阶段，营业推广、人员推销成为最重要的促销活动；产品衰退阶段，广告宣传已经不重要，营业推广可以节约成本。

创业小贴士

不同的企业应采取不同的广告、营业推广、公共关系和人员推销的促销组合来促进企业的销售。

三个“斑竹”的创业故事（十五）：促销方法

张华是学国际经济与贸易专业的，他知道广告宣传和促销对产品销售的重要性，但是考虑到他们三个都是第一次创业，而且作为刚出校门和在校的大学生，他们没有多少资金，所以他们只能利用现有的资源进行一些简单的促销：

广告——张华有个同学从大学起就在做一个交友网站，现在已经拥有一定的会员群和浏览量，张华联系后，这位同学同意张华他们免费在他的网站上做一年的广告，并交换链接。此外，张华他们还计划在客户能接受的情况下，在销售的鼠标垫上印上自己的广告。

人员促销——张华、王剑和孙梅计划以较低的成本印一些产品宣传卡，然后去商业区和高档社区散发。

营业推广——这是创业初期最主要的促销方式，就是由张华和孙梅直接接洽客户，向客户推介自己的产品。为此他们设计制作了精美的宣传册和样品，以及 PPT 演示文稿。

公共关系——等将来企业有了一定的利润后，再通过赞助一些大学里各种社团开展的竞赛活动、捐助希望小学等来提高自己产品的知名度和美誉度，这种赞助活动费用都比较低，一般一次赞助一两千元就够了。

做练习 22

记下你打算采用的促销方式及成本信息。

“4P”营销理论最早是杰瑞·麦卡锡（Jerry McCarthy）提出的。“现代营销学之父”菲利普·科特勒（Philip Kotler）进一步发展了这一理论，他强调市场营销计划的核心仍然是满足市场需求，必须在市场细分（Segmentation）、目标市场选择（Targeting）和定位（Positioning）（简称 STP）的基础上制定营销策略，STP 是战略决策，“ 4P”是战术应用。所以，制订市场营销实战计划首先要把市场信息、顾客定位放在首位，围绕战略做好产品、价格、地点、促销等策略组合，实施行动，达到目标。

三个“斑竹”的创业故事（十六）：制订市场营销计划

张华他们想，走上创业的道路，就是选择了不同于其他同学的职业人生。他们一边忙碌着，一边憧憬美好的未来，希望把企业做强做大，然而面对现实，他们又清醒地认识到，成功创业要一步一步地走下去。他们草拟了一个一年的经营计划，并分解成筹备、生产、推广、发展几个阶段。他们知道，万事开头难，在筹备和初期生产阶段是非常关键的，于是三个人仔细分工，认真商议，制订了 3 个月的具体营销计划。孙梅说，这可能不准确，会有很多变化，但张华认为，有计划才能安排好各项工作，抓住顾客定位、市场营销等重点，有了计划，才能充分应对各种变化。

市场营销实战计划表

步骤	目标任务	具体工作	执行人	费用（元）	时间（周）											
					1	2	3	4	5	6	7	8	9	10	11	12
1	收集市场信息	调查电脑市场	张华 孙梅	50	■	■	■	■								
2	分析和设定目标	确定目标顾客群体	张华	50					■	■						
3	收集目标顾客信息	拜访顾客	张华	100						■	■					
4	产品设计和开发	设备调试，试生产，熟悉生产环节	张华 王剑	100						■	■	■				
5	定价	预测成本、定价	王剑	50								■	■			
6	选择地点和分销	寻找合适的场所，网络推广等	张华	50									■	■	■	
7	促销广告	设计投放促销广告	孙梅	100									■	■	■	■

做练习 23

明确你自己的营销计划表。

五、预测你的销售

销售预测是制订创业计划时最重要和最困难的部分。收入来自销售，没有好的销售不可能有利润，大多数人往往过高估计自己的销售额。因此，你在预测销售时不要过分乐观，应保守一点，留有余地。

创业小贴士

创业初期，产品销量可能很低，作出一个切合实际的销售预测极为重要，千万不要过高估计！

做销售预测绝不是一件容易的事，你必须通过市场调查来作出你的销售决定。预测销售有几种基本方法：

抽样调查——选择一些有代表性的潜在客户，通过发放调查表或拜访，了解他们的购买习惯、购买能力，依此推算你的市场销量。

实地测试——小量试销你的产品或服务，看看你能销出多少。这种方法对制造商和专业零售商很有效，但不适合于有大量库存的企业。

订单预测——如果你的企业客户不多，可以通过你的客户的近期订单来预测你的销售量，但必须是书面购买意向书。这种方法多适用于出口商、批发商或制造商。

与同类企业进行对比——将你的企业资源、技术和市场营销计划与竞争对手的进行比较，基于他们的水平来预测你的企业销售，这是最常用的销售预测方法。

三个“斑竹”的创业故事（十七）：销售预测

接触过一些商业案例的张华告诉王剑和孙梅，企业能否创办成功，主要风险是一开始能否有足够的销售收入，而能销售多少则主要取决于市场需求和竞争对手的对策，所以，摸清市场的变化和竞争对手的情况，做好销售预测是非常重要的。他们三人以前都没有这个行业的经验，怎样才能做好销售预测呢？他们决定先从了解本市其他从事鼠标垫生产、销售的企业情况入手。可没想到的是，这次他们三个遇到了麻烦，他们先后走访了电脑市场上十几家做鼠标垫的商家，每当问到对方销售量的时候，对方就很警惕，不是闭口不答，就是直接下逐客令。三个人只好调整策略，他们四处打听，终于发现有一个认识的校友毕业后恰好在本市一家比较大的电脑配件厂做工，该厂为许多电脑厂商代加工鼠标垫，他们赶紧找了这个朋友，通过这个渠道他们得到这家电脑配件厂上一年的鼠标垫产量，同时他们又向电脑市场的代理商们询问了本地另外两家有一定名声的企业的情况，对对手的产量有了大概的了解：

项目	厂家 1	厂家 2	厂家 3
生产机器（台）	1	2	4
平均月产量（片）	1000	2500	4080
上一年总产量（片）	12000	30000	48960

张华、王剑和孙梅还从他们这个校友口中了解到，他供职的这家厂是本市主要的电脑配件经销商，经营多年，有很多固定的客户，并且，鼠标垫并不是他们的主营产品。三人经过分析研究认为，自己的公司刚刚开业，自己只有一台主要生产机器，还没有固定客户，尤其在投产的前几个月销量可能很低，随着客户的增加才能逐渐提高，所以他们预测 3～12 月销售量如下：

月份	3 月	4 月	5 月	6 月	7 月	8 月	9 月	10 月	11 月	12 月
对集团客户销售量（片）	150	300	450	450	500	500	500	600	600	600
对个人客户销售量（片）	150	300	450	450	500	500	500	600	600	600
合计（片）	300	600	900	900	1000	1000	1000	1200	1200	1200

不同类型的企业应根据产品特点来决定预测期时间的长短。一般来说，微小型企业可以做一年的销售预测。

做练习 24、25、26

学习更多有关销售预测的知识，并预测你的销售。

做练习 27

组织并体验市场营销实践过程。

小　　结

企业要想获利就得有顾客。一家新开的企业要想吸引顾客，必须有自己的特色。你必须生产顾客需要的产品并让顾客能方便地购买，而且要设法让顾客购买更多的产品。因此，你需要做市场调查来了解顾客和竞争者信息，有了这些信息，你才可以围绕产品、价格、地点、促销四大市场营销要素制订可行的市场营销计划。

同时，你要学习做销售预测，这也是最困难和最重要的一部分。没有销售就没有利润。

本步学习的要点内容归纳如下：

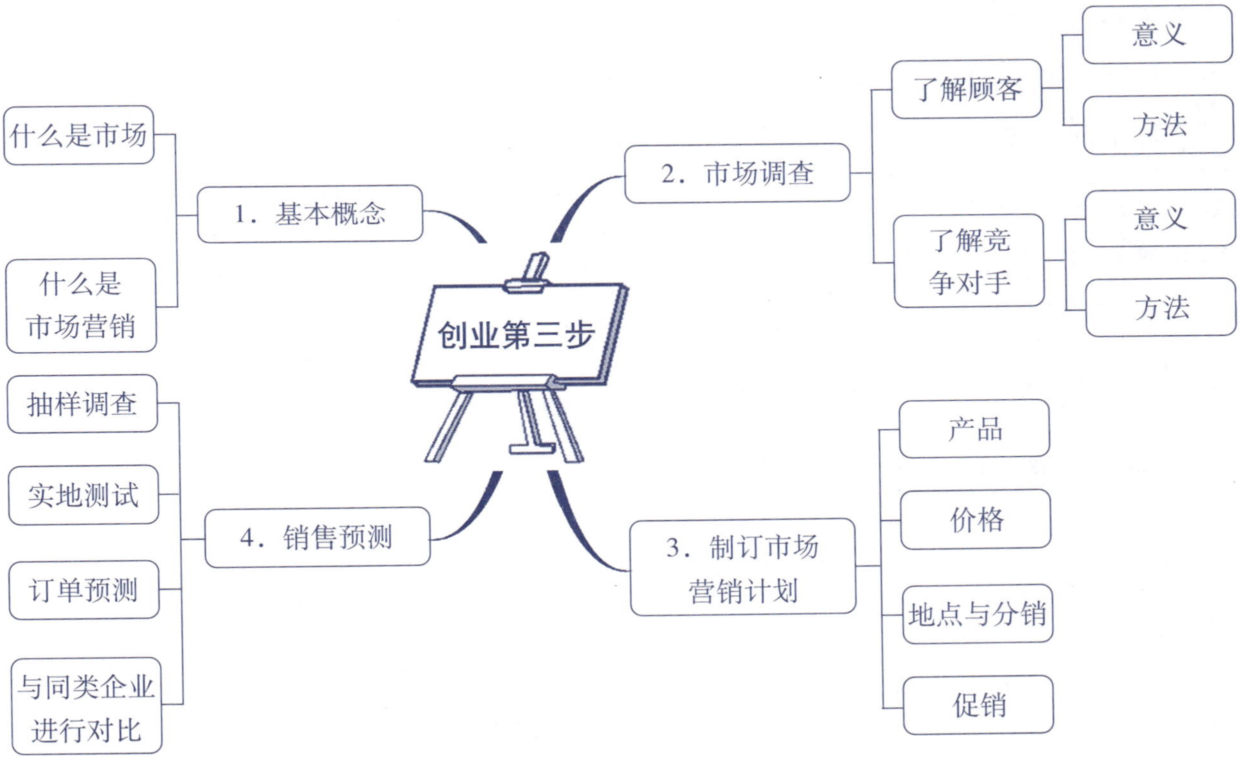

第四步　如何组建你的创业团队？

学习目标：

- 了解微小企业的主要成员和组织结构。
- 学习制定岗位职责的方法。
- 熟悉招聘员工的流程。

在第三步，你已经找到了企业的市场和顾客，并对企业产品、价格、地点和促销作出了初步决策。企业的运营、产品生产与销售是靠人来干的，现在，你需要为你的新企业做人员计划，并组织你的企业人员去实现你的市场营销计划。合作创业、团队创业是大学生创业常常选择的形式。为了使新企业顺利而成功地运行起来，你必须很好地安排团队成员。你必须知道你的企业有哪些工作要做，并且要安排合适的团队成员去做这些工作。一家有效率的企业必须有一支具备知识和技能的团队。

每个团队成员都对企业的成功起作用。在这一步中，你将学习有关你的团队成员的挑选、工作安排和组织管理方面的知识。

一、你的创业团队成员

微小企业规模不大，一般创业团队由下列人员组成：

- 业主或经理，即你本人。
- 股东或合伙人。
- 员工。
- 企业顾问。

1．业主或经理

在大多数微小企业中，业主就是经理，也是团队的领导。只有业主（经理）可以行使以下职责：

- 开发创意，制订目标和行动计划。
- 组织和调动团队成员实施行动计划。
- 确保计划的执行，使企业达到预期的目标。

在计划开办新企业和制订企业计划时，你要考虑自己的经营能力，要明确哪些工作可以由你自己去做，哪些工作是你既没能力也没时间去做的。如果你需要一个经理分担你的部分工作，就要考虑他应具备的能力和经历。

你可以向其他有经验的业主或经理请教，看看他们是如何管理企业和员工的。你也可以向你的老师请教，看看他在管理企业和员工方面有哪些知识和方法，哪些可以借鉴。

2．股东或合伙人

如果你是和你的创业团队成员共同出资创办企业，也就是说企业不止一个业主，那么，这些业主将以合伙人或股东的身份与你共享收益、共担风险。他们将决定彼此如何分工合作。也许一个人负责销售，另一个负责采购，还有一个抓管理。

要管理好一家合伙制企业，合伙人之间的交流一定要透明和诚恳。合伙人之间意见不一致往往导致企业失败。因此，有必要准备一份书面合作协议，明文规定各自的责任和义务。

三个“斑竹”的创业故事（十八）：谁来负责

张华、王剑和孙梅决定共同出资创业，创业资金大部分是从家里借的。他们决定在创业初期，暂时不雇用其他员工，公司的所有业务由他们分工完成。经过研究讨论，三人一致认为，张华在大学期间担任过学生会副主席，经常组织学生会活动，参加过多种社会实践，有很强的组织管理能力，并且他学的是国际经济与贸易专业，懂得经济规律，又善于与人沟通，所以推举张华担任公司的经理，并负责销售工作。王剑是学会计专业的，为人严谨细致，工作一丝不苟，适合负责产品的生产加工、公司的财务工作，并参与部分销售工作。孙梅曾经在全省“公益广告设计大赛”中拿过冠军，当然是负责产品的设计开发了，而且她还主动要求负责公司网站的设计、管理维护和运营。他们的团队有了明确的分工，同时也决定，对公司的重大事务，应该由三人一起研究决定。

3．员工

如果你和你的创业团队成员全部投入企业工作，那么，你们首先是企业的员工。如果你们没有时间或能力把全部工作包下来，就需要雇人。小企业可能只需要雇1～2个临时工就可以了。有的企业则需要雇用更多全时员工。

4．企业顾问

各种咨询意见对你和你的团队都有意义。因为你不可能是所有企业事务方面的专家。你要认准那些对你有过帮助而且将来还可能扶持你的行业专家，包括专业协会会员、会计师、银行信贷员、律师和政府部门官员等，邀请或聘请他们成为你的咨询顾问。

二、设计团队的组织结构

多数大学生刚创业时团队成员不多，组织结构很简单。一般来说，设计组织结构时应注意以下问题：

- 你的企业内部部门和岗位的设置。
- 部门和岗位之间的关系。

1．常见微小企业的组织结构

微小企业一般由于人员较少和工作关系较简单，所以组织结构也相应简单，过于复杂的组织结构不但不实用，反而会给企业的运营增加成本，带来麻烦。

微小企业最常见的组织结构是直线职能式组织结构，也就是把企业的人员按照工作责任分成若干部门，并为每个部门设立一个领导职务，然后明确各部门之间的关系。这种组织结构使企业内部从上到下实行垂直领导，下属部门只接受一个上级的领导，部门领导对所属部门的一切问题负责。

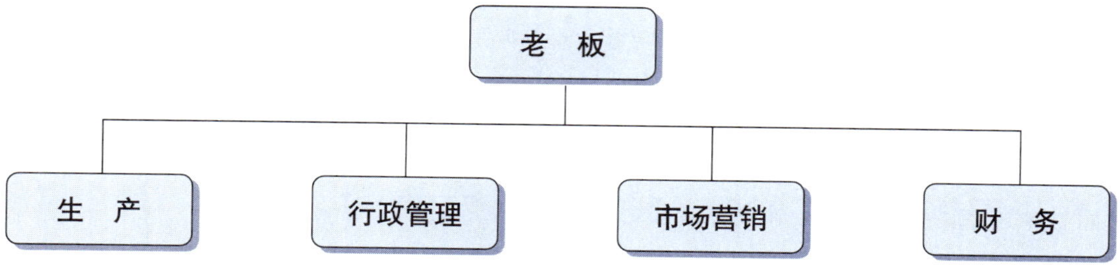

2．设计你的企业的组织结构

你可以按照以下步骤设计你的企业的组织结构：

- 步骤一：弄清你的企业内部都有哪些工作职能，内部应该划分成哪些部门，设置哪些岗位。

- 步骤二：明确各工作部门和岗位之间的关系，是从属关系还是并列关系，并考虑并列关系的部门和岗位之间如何进行协调和配合。
- 步骤三：明确各部门和岗位的工作职责和内容。
- 步骤四：考虑各部门和岗位应该设置哪些人员，设置多少。

良好的组织结构可以帮助企业在人员有限的情况下使你的团队有更高的执行力和战斗力。

做练习 28

设计你的企业组织结构图。

三、管理你的创业团队

没有员工，任何一家企业都无法经营下去，在大多数情况下，企业需要数名员工才能成功运转。你的企业能否成功取决于你如何引导、激励你的团队成员，齐心协力，完成工作。

1．明确每个岗位的主要职责

当你知道你需要雇用员工后，就要把岗位的工作职责制成岗位说明书。岗位说明书规定了某一特定领域里要做的工作。这样做有如下好处：

- 员工将确切知道企业需要他们做什么工作。
- 作为经理，你将用其衡量员工的工作绩效。

岗位说明书应该包括以下内容：

- 岗位的名称。
- 该岗位的工作说明，即这个岗位所从事的具体工作。
- 该岗位的上、下级。
- 该岗位员工所应具备的素质和技能。

三个“斑竹”的创业故事（十九）：确定每个人的岗位职责

张华、王剑和孙梅以前在学校学习过的理论知识告诉他们，制定岗位工作职责是非常重要的事情，只有确定的岗位工作职责，才能把大家的分工明确下来，才能使每个人的责、权、利都很清晰，才能使公司良好地运营起来，才能为公司将来发展、扩大团队提供参考。

于是，他们经过研究讨论，制定了如下岗位分工：

岗位	工作说明	所需素质和技能	谁的任务	
			第一阶段	下一阶段
经理	做计划、制定目标、监督实施、协调内部关系、与工商税务等单位打交道	有主见、认真、果断、善于应变、容易交往	张华	张华
财务	出纳、收款、记账、管理现金	认真踏实、有条理、诚实	王剑	招聘人员
销售管理	市场调研、与客户建立和保持良好的关系、接订单、销售预测、制定价格、提出促销方法	认真、思路敏捷、有激情、善于与人交往、有谈判能力、守信用	张华	招聘人员
生产管理	组织、监督生产，控制质量、管理工具设备和技术资料、维修、制订生产计划	了解产品、懂技术、能动手操作，善于协调关系、处理矛盾	王剑	王剑
产品的设计开发	准确把握客户需求、收集客户素材、设计产品	有美术设计的素养、懂得设计工具的使用、具有创造性、善于沟通	孙梅	孙梅
网络管理	维护和更新公司网站和网店、与网络合作商打交道、接待网络客户	熟悉网络业务、熟悉相关软件的使用、善于沟通、有谈判能力	孙梅	孙梅
生产工人	剪裁原料、操作机器、印制图案、包装	有责任心、懂机器操作、勤快、能吃苦	王剑	招聘人员
送货员	为客户配送产品	有责任心、能吃苦、勤劳	张华	招聘人员

做练习 29

确定你的企业需要的员工。

2．招聘合适的员工

当你的企业需要招聘员工时，你需要考虑以下几点：

- 哪些岗位需要招聘员工。

- 这些需要招聘的员工应具备什么样的技能和其他要求。
- 需要招聘的具体人数。
- 要向这些招聘的员工支付多少工资。

你要根据岗位职责来聘用企业员工。能雇用到有适当技能、有工作积极性的员工对你来说是很重要的。在录用员工之前，你要面试所有应聘的人选。提问很有技巧，通过向参加面试的人员提问下面这些问题，你可以掌握应聘人员的基本情况：

- 你原来在哪儿工作？具体做什么工作？具备什么技能？
- 你为什么想来本企业工作？
- 你希望得到什么职位？
- 你认为你有哪些优点和弱点？
- 你怎样支配业余时间？有什么兴趣爱好？
- 你喜欢和别人一起工作吗？如果有人对你态度不友好，你会作出怎样的反应？

要多提些问题，以便了解应聘人员更多的情况。同时，你也可以利用专业的职业测评技术，评价应聘人员的各种素质和应聘岗位的匹配程度，这些都能帮助你判断他能否适合岗位的需要而且有良好的意愿来你的企业工作。一次成功的招聘大致包括以下步骤：

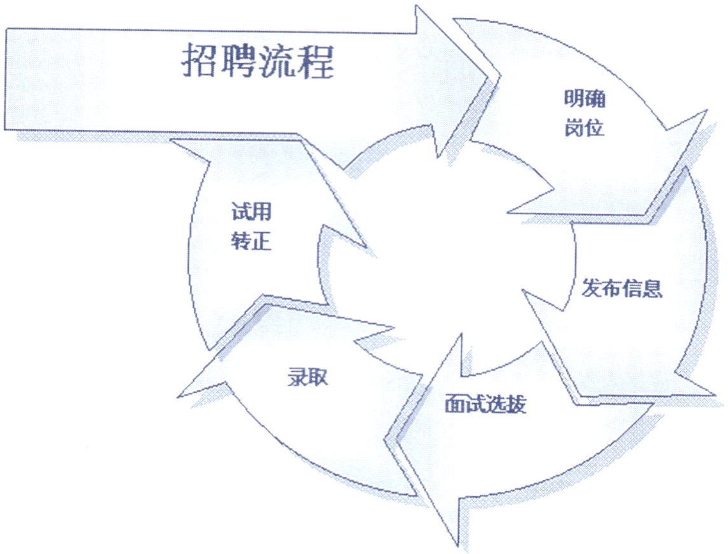

在录取环节，你应该向所有参加面试的人员发通知。这是一种良好的职业习惯，不管他们是否被录取。

创业小贴士

对小企业来说，并不是能力强就是好员工！经理要亲自参与员工招聘，要在适当的时间招聘合适的人并放在合适的岗位上！

3．管理你的员工

员工对于你的企业是至关重要的，管理好你的员工将使你的企业创造更高的效益、具有更多成功的机会，作为业主或经理，管理员工也是你在企业中最重要的工作之一。

管理好员工，你可以从以下几个方面着手：

- 向你的每一名员工说明企业的详细情况，明确他们的工作任务。
- 给你的员工提供与其工作相应的工资和奖金。
- 尽可能让你的员工工作稳定，并给他们提供良好的工作条件。
- 让员工融入你的团队之中，让他们对你的团队有归属感。
- 对你的员工进行必要的绩效考评，并根据考评结果实施奖惩。
- 尽可能为你的员工提供培训和学习的机会，为他们在企业中升职和发展提供机会。

同时，你还要正确面对问题员工，积极应对各类问题：

- 要知道，在一定时期，你的员工出现问题并影响到工作是管理中常见的现象。

- 对问题员工的处理切忌简单、草率，发现问题、共同解决能帮助他们成为合适的员工，降低企业用人成本。
- 平时采取一些预防措施，注意调动员工的工作积极性，比如培训、定期体检、举办员工活动等都有积极的意义。

创业小贴士

管理员工是一件非常难的事情，不但需要制度保障，也需要你的个人魅力，别人的方法未必适用于你和你的企业，你必须在经营企业的实践中不断摸索经验。

4. 寻找你的企业顾问

你可以考虑从一些企业、贸易和教育机构那里获得帮助、信息、咨询意见和培训。当然，从谨慎的角度讲，在企业聘请顾问之前，一定要注意验证他们的资质，以免上当受骗。

小　　结

“一个好汉三个帮！”团队是创业成功的基石！微小企业创业团队的人员组成有合伙人、员工、顾问和你自己，这些人都将影响企业的成败。如何“选、用、育、留”合作伙伴和人才，并建立有效的组织结构，把他们打造成一个整体，是你必须思考和面对的，你必须具备这种能力。

本步学习内容要点归纳如下：

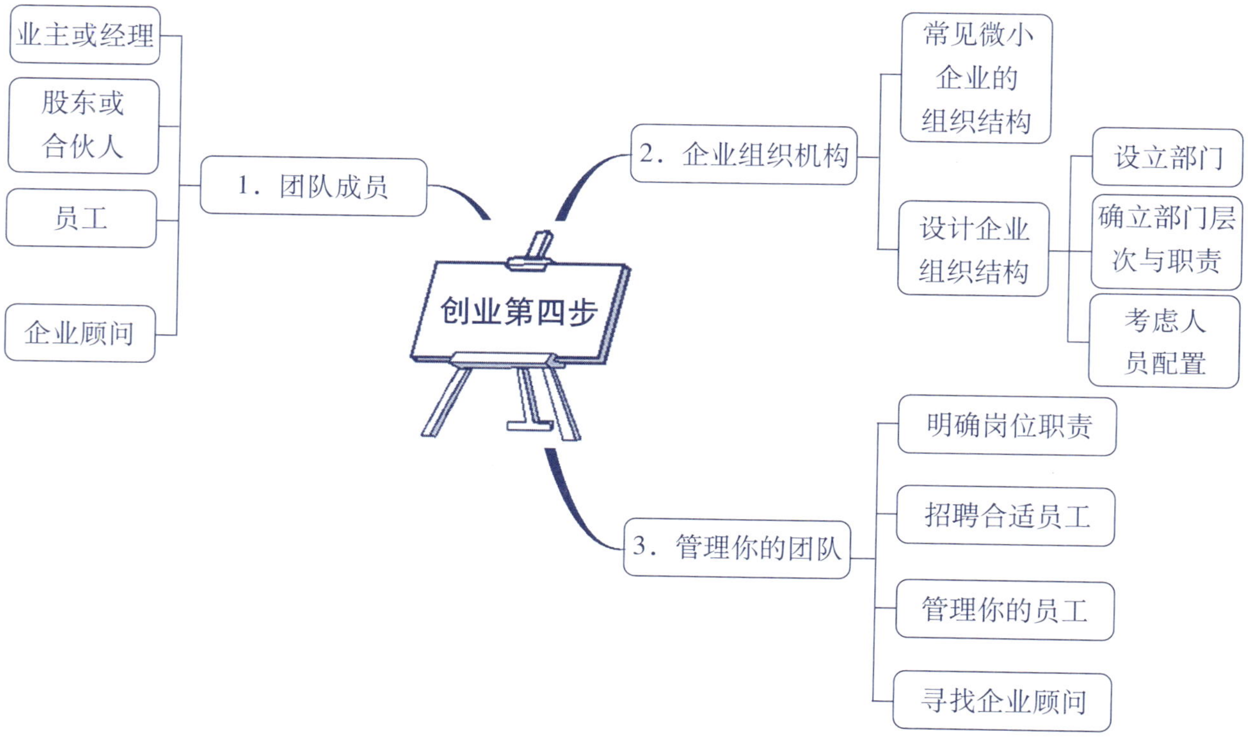

第五步 如何选择你的企业法律形态？

学习目标：

- **了解微小企业常见的法律形态及特点。**
- **掌握为自己选择企业法律形态的方法。**

在前面，你已经预测了你的企业产品的销售量，并确定了实现这些销售量的人员安排。

在这一步，你需要了解企业作为一种组织，必须具有一种法律形态，也就是说，你必须选择办什么形式的企业。为此，你需要了解我国企业的法律形态，研究并比较每一种法律形态的特点，这将有助于你为自己的新企业选择一种最恰当的法律形态。

一、企业的法律形态

企业的法律形态是指一个国家法律规定的企业在市场环境中存在的合法身份。我国民营企业的主要法律形态如下：

股份有限责任公司、有限责任公司、外资企业、中外合资企业、中外合作企业、乡镇企业、股份合作制企业、合伙企业、个人独资企业、个体工商户、农村承包经营户等。

微小企业最常见的法律形态是：

个体工商户、个人独资企业、合伙企业和有限责任公司。

不同的企业法律形态有不同的要求，对你的企业会产生诸多影响，这些影响包括：

- 开办和注册企业的成本。
- 开办和注册企业手续的难易程度。
- 企业的风险责任。
- 创业资金的筹集。
- 寻找合伙人的可能性。
- 企业的决策程序。
- 企业利润分配。

二、常见小企业法律形态的特点

不同的企业法律形态都有各自的特点，我国常见小企业法律形态主要有个体工商户、个人独资企业、合伙企业和有限责任公司等。了解它们，有助于你为自己的企业选择合适的法律形态。

	业主数量和注册资本	成立条件	经营特征	利润分配和债务责任
个体工商户	• 业主是一个人或家庭 • 无资本数量限制	• 成立条件简单，业主只要有相应的经营资金和经营场所就可以了 • 个体工商户可以起字号	• 资产属于私人所有，自己既是所有者，又是劳动者和管理者	• 利润归个人或家庭所有 • 由个人经营的，以其个人资产对企业债务承担无限责任
个人独资企业	• 业主是一个人 • 无资本数量限制	• 投资人是一个自然人 • 有合法的企业名称 • 有投资人申报的出资 • 有固定的生产经营场所和必要的生产经营条件 • 有必要的从业人员	• 财产为投资人个人所有，业主既是投资者，又是经营管理者	• 利润归个人所有 • 投资人以其个人资产对企业债务承担无限责任
合伙企业	• 业主两个人以上 • 无资本数量限制	• 有两个以上合伙人，并且都依法承担无限责任 • 有书面合伙协议 • 有合伙人的实际出资 • 有合伙企业的名称 • 有经营场所和从事合伙经营的其他必要条件	• 依照合伙协议，共同出资，合伙经营，共享收益，共担风险	• 合伙人按照合伙协议分配利润，并共同对企业债务承担无限连带责任
有限责任公司	• 由50个以下的股东出资设立，1个自然人或1个法人可以投资设立1人有限责任公司 • 注册资本为在公司登记机关登记的全体股东认缴的出资额（最低限额3万元），1人有限公司最低限额10万元	• 股东符合法定人数 • 股东出资达到法定资本最低限额 • 股东共同制定公司章程 • 有公司的名称，建立符合有限责任公司要求的组织机构 • 有固定的生产经营场所和必要的生产经营条件	• 公司设立股东会、董事会和监事会，并由董事会聘请职业经理管理公司经营业务 • 股东人数较少或者规模较小的有限责任公司，可以设一名执行董事，不设董事会	• 按照股东实缴的出资比例分配利润，全体股东约定不按照出资比例分配的除外 • 股东以其认缴的出资额为限对公司债务承担有限责任 • 一人有限责任公司的股东以其投资为限对公司债务承担有限责任

三、选择合适的企业法律形态

选择企业的法律形态并非易事，要考虑很多方面，主要包括：

- 准备创办的企业的规模。
- 行业类型和发展前景。
- 业主或投资者的数量。
- 创业资金的多少。
- 行业选择（技术密集型、资金密集型、特殊行业）。
- 创业者的价值观念（倾向个人决策还是协商合作）。
- 企业承担的义务和责任。

你在选择企业的法律形态和注册企业时，应该寻求更多帮助。中国有专门为扶持小企业提供咨询的政府机构(如国家和各地区的工商管理局等)和非政府组织(工商联合会等)，还有帮助各类失业人员创业的劳动就业部门。

在选择你的企业法律形态时，要考虑你的企业和对你企业将产生的影响：

如果准备开办的企业规模较小，投资人和资金较少，所有风险由自己一个人承担，就可以选择较简单的企业形式，如个体工商户或个人独资企业。

如果准备开办的企业规模较大、投资人比较多、需要的资金较多，为避免较大的债务风险，可以选择有限责任公司这种企业形式。

如果你的资金和技术不足，但有志同道合的朋友愿意一起干，则可以选择合伙企业、有限责任公司等企业形式。

如果有较强的独立意识，不愿与他人合作，则可以选择个体工商户或个人独资企业。

创业小贴士

别人的意见只能供你参考，千万不要被别人的意见所左右。你要有主见，如果要采用他人建议的法律形态，一定要弄清楚原因。

三个“斑竹”的创业故事（二十）：选择企业法律形态

通过学习和讨论，张华、王剑和孙梅决定选择有限责任公司作为他们开办企业的法律形态，他们认为虽然选择有限责任公司申办手续较复杂，但有以下好处：

第一，创业需要资金，而他们三个人都没有很强的经济实力，注册有限责任公司只需3万元，所以决定每个人筹资1万元，大家一起努力来开始创业、开办企业。

第二，他们三人都希望能把自己的企业逐步做大，虽然目前仅仅针对本地市场，但他们希望能在不远的将来把公司的业务做到全国，有限责任公司的股份转让比较灵活，有利于他们将来扩大公司的规模，吸纳更多的股东和合作者。

第三，有限责任公司的股东只负有限责任而非无限责任，从这个角度讲，他们经营公司时，个人承担的风险比较少。

决定后，他们开始积极打听有关注册有限责任公司的事宜。

做练习 30

选择你开办企业的法律形态。

小　结

企业法律形态不同，企业的法律地位和投资人的风险责任范围也不同！企业的类型和法律形态将决定企业的形式和性质。你在开办企业时要选择合适的企业法律形态。微小企业可以选择的法律形态有个体工商户、个人独资企业、合伙企业和有限责任公司等。选择企业法律形态时，既要考虑企业规模、业务特点，也要考虑创业者的价值观念。

本步学习内容要点归纳如下：

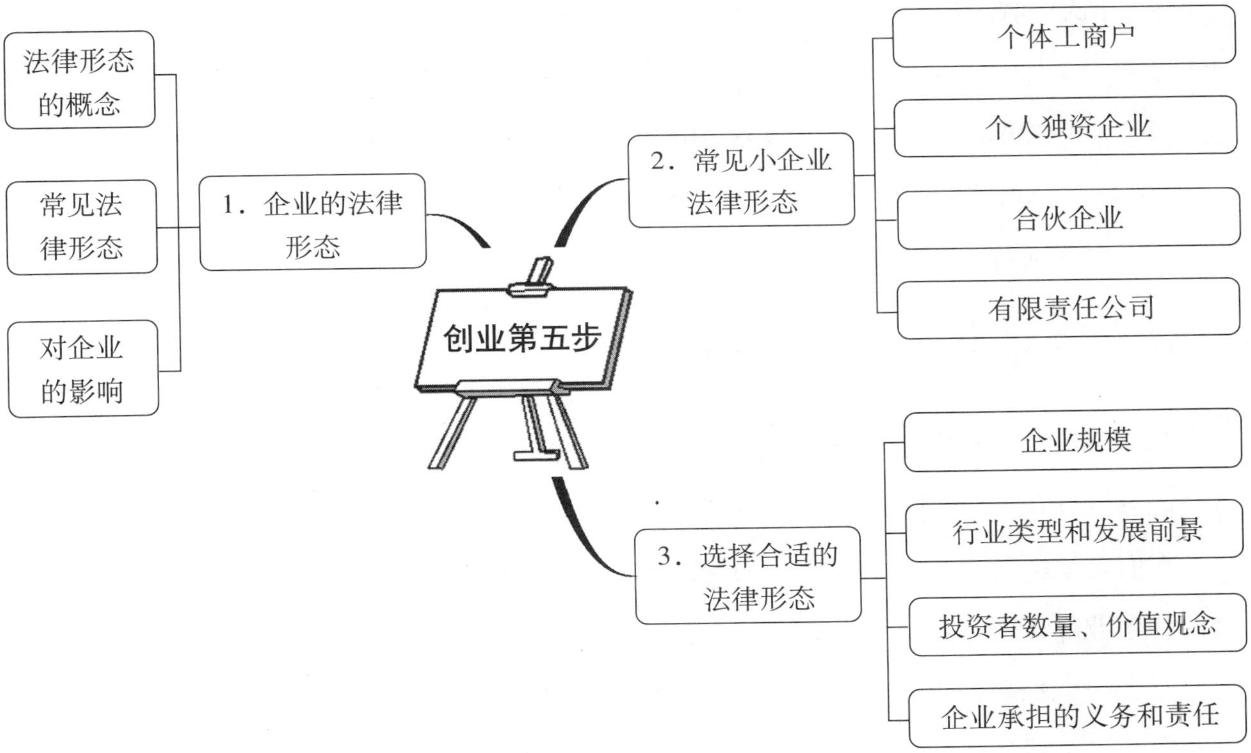

第六步　如何利用法律保护你的企业并承担企业责任？

学习目标：

- 了解与微小企业相关的法律法规。
- 熟悉企业应该承担的法律责任。
- 掌握企业注册、纳税以及劳动合同等具体内容。

你已经选择了企业的法律形态，现在需要了解你的企业的法律环境和你要承担的法律责任。所有创业者都要按照国家法律开办和经营企业，并承担相关的法律责任。你的企业只有登记注册，才能受国家法律保护。在开办和经营企业的过程中，你要遵守国家的税法、企业法、劳动法、环境保护法等相关法律法规。

在这一步里，你将学习作为一个企业主应具备哪些法律知识。你还将了解办理保险的知识，设法降低企业经营风险。

一、企业相关法律知识

1．与新办企业相关的法律法规

国家为使所有公民和企业能在公平、和谐的环境中竞争和发展，制定了各类法律法规。它们是规范公民和企业经济行为的准则，具有权威性、强制性、公平性。依法办事是公民和企业的责任。

作为一个想创办企业的小企业主，你也许觉得法律太多了，弄不明白。其实，和你的企业有直接关系的法律只是其中一部分。你不必了解有关法律的所有内容，你只需要知道哪些法律和哪些关键内容与新办企业有关就可以了。

与新办企业直接相关的基本法律如下：

法律名称	相关基本内容
企业法	公司法、个人独资企业法、合伙企业法、个体工商户管理条例、中外合资合作企业法、乡镇企业法等
民法通则	个体工商户、农村承包经营户、个人合伙、企业法人、联营、代理、财产所有权、财产权、债权、知识产权、民事责任等
合同法	一般合同的订立、效力履行、变更和转让、权利义务终止、违约责任等。具体合同有买卖、借款、租赁、运输、技术、建设工程、委托等
劳动法	促进就业、劳动合同和集体合同、工作时间和休息休假、工资、职业安全卫生、女职工和未成年工特殊保护、职业培训、社会保险和福利、劳动争议、监督检查等

与企业相关的其他法律有：

会计法、税法、产品质量法、消费者权益保护法、反不正当竞争法、保险法、环境保护法等。

2．树立守法经营观念

在市场经济规则越来越完善的环境中，作为创业者，要知道法律不仅对企业有约束的一面，也给你的企业以法律保护。遵纪守法、诚信经营的企业才能立足和持续发展，这样的企业将赢得：

- 客户的信任。
- 供应商的合作。
- 职工的信赖。
- 政府的支持。
- 甚至竞争对手的尊重。

从创业开始，就树立守法经营的观念，将为自己营造一个良好的生存发展空间。

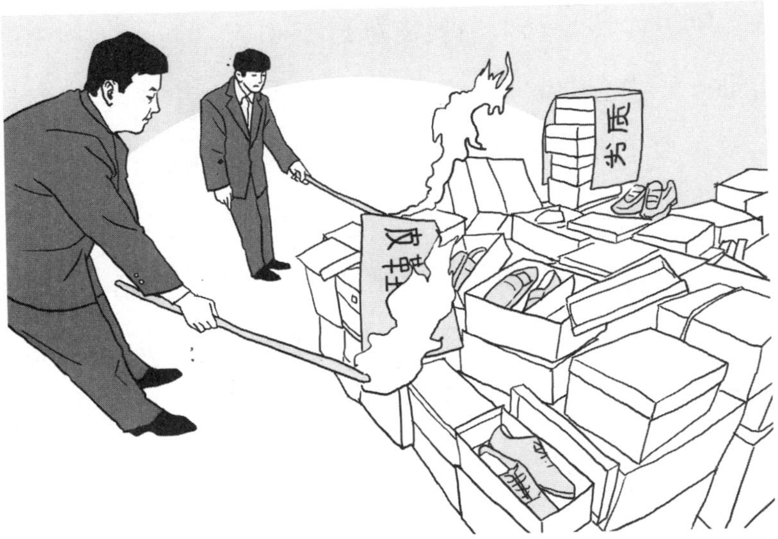

二、工商行政登记

1．依法注册

新办企业，首先得给它一个明确的法律地位，如同办理“户口”。根据我国法律规定，新办企业必须经工商行政管理部门核准登记，发给营业执照并获得有关部门颁发的经营许可证（如卫生、环保、特种行业许可证等）。营业执照是企业主依照法定程序申请的、规定企业经营范围等内容的书面凭证。企业只有领取了营业执照，拥有了“正式户口”般的合法身份，才可以开展各项法定的经营业务。

2．工商行政登记的步骤

注册一家新企业，一般要经过以下步骤：

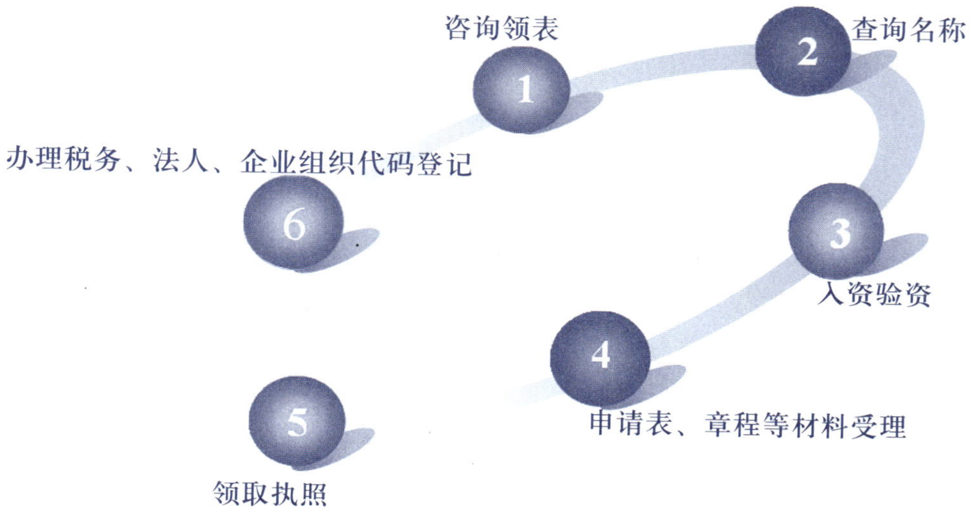

在这一过程中，有几个重要环节需要注意：

- **名称预先核准**——为企业起一个好名字是每个创业者的愿望，但是你要注意不能重名、侵权，这需要工商注册机关在一定时间、范围内核查。
- **行政许可**——特殊行业需要提前办理特行申请并准予后，才可以继续工商注册程序。比如，你要开设一家书店，就需要向辖区的文化部门申请《出版物经营许可证》。
- **出具验资报告**——一般需要到工商部门认可的会计事务所或具备同等资质的机构办理，出资有现金、实物和无形资产等多种方式。
- **公司章程**——它是公司的核心文件，包含企业名称、股东及出资情况、组织机构等。

三个“斑竹”的创业故事（二十一）：营业执照

张华、王剑和孙梅再次兵分两路，张华负责办理注册公司的各种手续，王剑和孙梅负责找适合做公司营业场所的房子。王剑和孙梅这边比较顺利，他们发动亲戚朋友帮忙搜集信息，很快就找到了一处面积不大、价格合理的房子，能加工生产，也能办公。但张华这边却比较麻烦，他向正在做生意办企业的朋友一打听，原来注册一家有限责任公司的手续比较繁琐，周期也比较长，需要往来工商、税务、银行等单位好多次。正当张华为此犯难之际，他的朋友又给他提供了一条信息，他说现在各地都有一些正规的机构专门帮助想注册公司的人代办各种手续，速度快、信誉好、费用也不高。张华回来和王剑、孙梅商量，他们觉得，如果把办理公司注册手续的时间和精力用在联系客户、发展业务上更有价值，于是他们找到朋友介绍的一家正规的代办工商注册手续的机构，提供了相关的资料和手续费，很快他们就拿到了公司注册的营业执照和其他证件。

三、依法纳税

依法纳税是公民和单位应尽的义务。税收是国家财政收入的主要来源，来之于民，用之于民。根据我国税法规定，所有企业都要依法报税和纳税。

1．与企业和企业主有关的主要税种

社会经济活动是一个连续运动的生生不息的过程：生产→流通→分配→消费。国家对生产流通环节征收的税种统称流转税，它以销售收入或营业收入为征税对象，包括增值税、营业税和海关关税等。对分配环节征收的税种统称所得税，它以生产经营者取得的利润和个人的收益为征税对象，包括企业所得税、个人所得税等。这是最基本的两个税种。具体而言，与企业和企业主有关的主要税种如下：

- 增值税、营业税。
- 企业所得税。
- 个人所得税。

- 消费税。
- 关税。
- 城市维护建设税。
- 教育费附加等。

各类企业缴纳的一般税目税率如下：

<table>
<tr><th rowspan="2">企业类型</th><th colspan="2">流转税</th><th rowspan="2">企业所得税</th><th rowspan="2">城市维护建设税</th><th rowspan="2">教育费附加</th><th rowspan="2">其他税种</th></tr>
<tr><th>增值税</th><th>营业税</th></tr>
<tr><td>制造业
商业</td><td>一般纳税人：17%
小规模纳税人：3%</td><td></td><td rowspan="2">企业所得税分为两档税率：
1．一般：25%
2．小型微利企业经税务机关核准税率可以为：20%</td><td rowspan="2">以流转税为基础，
市区：7%
县城、镇：3%
偏远地区：1%</td><td rowspan="2">以流转税为基础：3%</td><td>资源税
消费税（烟、酒、烟火鞭炮、化妆品、汽柴油等商品）</td></tr>
<tr><td>服务业</td><td></td><td>3%、5%、20%</td><td>消费税（金银首饰）</td></tr>
<tr><td>农林牧渔业</td><td>17%</td><td></td><td>减征、免征</td><td></td><td></td><td></td></tr>
</table>

营业税税目税率表如下：

税　　目	税　　率
一、交通运输业	3%
二、建筑业	3%
三、金融保险业	5%
四、邮电通信业	3%
五、文化体育业	3%
六、娱乐业	5%～20%
七、服务业	5%
八、转让无形资产	5%
九、销售不动产	5%

创业小贴士

个体工商户、个人独资企业和合伙企业不缴纳企业所得税。国家对个体工商户、个人独资企业和合伙企业的投资者，按5%～35%的超额累进税率征收个人所得税。

此外，国家和地方还制定了一些税收优惠政策，例如：

- 特殊商品（粮食、食用植物油、煤气、沼气、居民用煤制品、图书、报纸、杂志、饲料、农药、化肥、农机、农膜等）增值税率为13%。
- 符合条件的小型微利企业，按20%的税率征收企业所得税。国家需要重点扶持的高新技术企业，按15%的税率征收企业所得税。
- 大学毕业生从事个体经营、合伙经营和组织起来就业的，可以根据情况减免税、费征收。具体政策可以向当地税务部门及人力资源和社会保障部门咨询。

征收税金的部门有地方税务局和国家税务局，不同税种缴纳的部门不同，一般来说，增值税在国家税务局缴纳，营业税和附加税在地方税务局缴纳，具体缴纳手续要根据各地的实际情况办理。大学生在开办企业的时候，应向专业人士或税务部门提前咨询。

2．如何计算你的应纳税金

计算税金须首先正确判断你的企业类型。一般纳税人和小规模纳税人在计算税金上有不同的方式，根据国家税法的相关规定，小规模纳税人可以用以下简易的方式来计算税金：

应纳税金＝销售额（营业额）×税率＋城市维护建设税、教育费附加

三个“斑竹”的创业故事（二十二）：纳税

张华、王剑和孙梅都明白，纳税和企业的经营与收益有密切关系，可自己的企业到底应该怎么纳税，缴多少税呢？他们三个都没有专业的财税知识和经验，于是他们请教了公司聘用的兼职会计。会计告诉他们，他们的企业属于制造业类别的小规模纳税人，应缴增值税、企业所得税和以增值税为基数的城市维护建设税、教育费附加等，税费要按月缴纳。会计还特别说明，从2009年1月1日起，国家对小规模纳税人的相关税率作了调整，并规定了简单的计算方法，主要有：

（1）增值税税率 3%：月销售额 × 3%= 应纳增值税额

（2）企业所得税率 25%：年企业利润 × 25%= 应纳所得税额

（3）城市维护建设税：市区按增值税的 7% 缴纳。

（4）教育费附加：按增值税的 3% 缴纳。

另外，会计也告诉他们，政府为鼓励大学生创业，出台了一系列优惠扶持政策，他们可以去税务、政府服务大厅等相关部门咨询。公司除缴税外，还要缴纳残疾人保障基金等费用，因为项目多、内容烦琐，张华、王剑和孙梅并没有全听明白，他们打算先把公司的纳税工作委托给兼职会计，以后不断学习相关知识，尽快成为内行。

四、尊重员工的合法权益

企业竞争力的一个关键因素是员工的素质和积极性。在劳动力流动加快和竞争加剧的形势下，优秀的劳动者越来越成为劳动力市场上争夺的重要资源。所以，新开办的企业一开始就要特别重视以下四个方面的问题：

1. 订立劳动合同

劳动合同是劳动者与企业签订的确立劳动关系、明确双方权利和义务的协议。订立劳动合同对双方都产生约束，不仅保护劳动者利益，也保护企业利益，它是解决劳动争议的法律依据，绝对不能嫌麻烦或者为了眼前的小利而设法逃避。

劳动合同的基本内容有：

- 工作职责、定额、违约责任。

- 工作时间。
- 劳动报酬（工资种类、基本工资、奖金、加班、特种工作补贴等）。
- 休息时间（周假、节假日、年假、病假、事假、产假、婚丧假等）。
- 社会保险、福利。
- 合同的生效、解除、离职、开除。
- 劳动争议处理。

一般各地都有统一的劳动合同文本，有关信息可以从当地人力资源和社会保障部门获得。

创业小贴士

《中华人民共和国劳动合同法》规定，用人单位必须与劳动者签订劳动合同。

2．劳动保护和安全

尽管创业初期资金紧张，企业也要尽量创造良好的工作条件，防止工伤事故和职业病发生，搞好危险和有毒物品的使用和储存，改善音、光、气、温、行、居等条件，以保证员工人身安全并提高他们的工作效率和积极性。

3．劳动报酬

企业定的工资不能低于本地区人力资源和社会保障部门规定的最低工资标准，而且必须按时以货币形式发放给劳动者本人。有关最低工资标准的信息可以从当地人力资源和社会保障部门获得。

4．社会保险

国家的社会保险法规要求企业和员工都要参加社会保险，按时足额缴纳社会保险费，使员工在年老、生病、因公伤残、失业、生育等情况下得到补偿或基本的保障。为员工办理社会保险对企业来说具有强制性。

创业小贴士

如果不能为员工提供基本的社会保障，将很难吸引和留住优秀人才。企业主对此一定要高度重视。

目前我国的社会保险主要有养老保险、医疗保险、失业保险、工伤保险和生育保险。

办理社会保险的具体程序和要求可到当地人力资源和社会保障部门咨询。

做练习 31

确定你的企业所要承担的法律责任及保险。

五、商业保险

经营一家企业总会有风险。各类企业的风险有差异，并非所有的企业风险都要投保。例如，产品需求下降这种企业最基本的风险，就只能由企业自己承担；而另一些风险则可以通过办保险来减少，如机器、存货、车辆被盗窃、资产发生火灾或意外等。

企业的保险险种通常包括：

- **资产保险**——如机器、库存货物、车辆、厂房的防盗险、水险和火险，商品运输险，特别是进出口商品的这类险种。
- **人身保险**——业主本人和员工的商业医疗保险、人身事故保险、人寿保险等。

创业小贴士

你要根据自己企业的实际情况决定是否投保或投保哪些险种。不要过度信赖保险公司的推荐。

三个“斑竹”的创业故事（二十三）：劳动合同和保险

张华、王剑和孙梅原来以为，他们作为企业的股东，是没有必要再和公司签订劳动合同的，而且为了节省公司开办之初的费用，他们也打算先不着急给自己办理社会保险。他们为此请教了在学校教授法律的老师。老师告诉他们，根据国家政策法规的规定，他们虽然是股东，但作为公司的管理人员和员工，是必须签订劳动合同的，而为员工办理社会保险也是国家的强制性规定，国家和各地政府对创业者和小企业都有一些扶持政策，要享受这些政策，企业就必须严格地按法律规定与员工签订劳动合同，为员工办理社会保险。通过老师的讲解，张华、王剑和孙梅明白了，与员工签订劳动合同，为员工办理社会保险是企业的责任，自己虽然是公司股东，但作为企业员工也应该签订劳动合同，办理社会保险，这样不但保障了自身的权益，也使公司在招聘新员工时更有吸引力，还能使公司在争取一些政策优惠时拥有足够的条件。

同时，他们从事的是小型加工，使用热转印设备的发热量较大，自己技术又不太熟练，容易引发火灾事故，通过咨询商业保险公司，他们决定花 240 元为自己的企业购买防火保险。

做练习 32

分析你的企业的工作条件。

小　　结

作为企业主，你将负有法律责任。企业的法律责任包括依法纳税、遵守有关法律法规获得营业执照和经营许可证、尊重消费者的权益等。树立依法经营观念和运用法律手段、商业保险方式保护自己企业利益，降低创业风险对微小企业非常重要。

本步学习内容要点归纳如下：

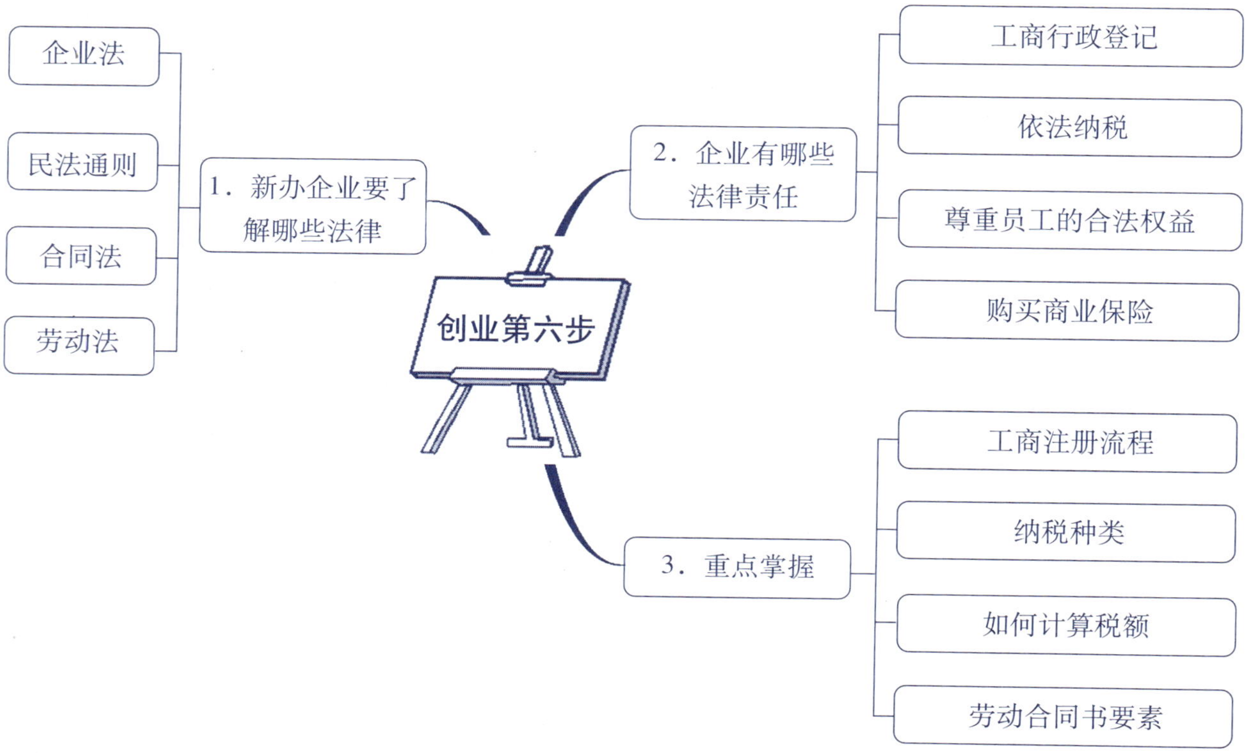

第七步　如何预测你的启动资金？

学习目标：

- 了解启动资金的基本概念。
- 掌握启动资金的分类方法。
- 正确估算启动资金的需求。

至此，你已经知道了你的产品或服务是有市场的，对此你应该有信心。你也知道了自己作为企业主的职责，以及对员工的要求。

现在，你将学习如何确定开办企业必须购买的物资和必要的其他开支，并测算其总费用，这些费用叫做启动资金。你可能会认为小企业投资小，不需要详细计算启动资金，但有许多小企业在创业初期却因无钱购买原材料等后续流动资金不足而造成创业失败，也有许多小企业因为有限的资金分配不够合理而运行不下去，因此，正确预测启动资金需求是企业主开办企业之前必须考虑的问题。

一、启动资金的类型

启动资金用来支付场地（土地和建筑）、办公家具和设备、机器、原材料和商品库存、营业执照和许可证、开业前广告和促销、工资以及水电费和电话费等费用。

这些支出可归为两类：

- **投资**——指你为企业购买的固定资产以及为开办企业而支出的一次性费用。固定资产是指价值较高、使用寿命较长的资产，如设备、房屋等。一次性费用指开办费、前期市场调查费用、装修费等。有的企业用很少的投资就能开办，而有的却需要大量的投资才能启动。明智的做法是，把必要的投资降到最低限度，让企业少担些风险。
- **流动资金**——指企业日常运转所需要支出的资金。

三个“斑竹”的创业故事（二十四）：启动资金需求

张华他们觉得计算启动资金需求比较难，涉及的生产设备种类比较多，可选择的设备、原材料及包装材料的品牌、型号、规格也比较复杂。所以，他们决定把这项工作分成三步，先将需要购买的东西分类和列表，再由三个人共同考察市场，最后具体算钱。

投资：

- 生产设备。
- 办公家具。
- 灭火器。
- 车间装饰改造。
- 开办费（开业前市场调查费、培训费、技术资料费、注册费、营业执照费）。

流动资金：

- 头三个月购买原材料和包装材料的资金（橡胶片、专用打印纸张、油墨、包装材料等）。
- 头三个月的工资。
- 头三个月的房租、保险费、水电费、交通费、电话费、办公用品费、应酬费。
- 不可预见的其他费用。

二、投资预测

投资需要资金，开办企业时，你必须有这笔钱，而且说不定要等好几年后企业才能挣足钱收回这笔投资。因此，在开办企业之前，有必要预算一下你的企业固定资产和支出一次性费用到底需要多少资金。

创业小贴士

预测投资需求时不要盲目求大、求全，应货比三家，量力而行，兼顾今后的发展。

你的投资一般可分为三类：

- 企业用地和建筑。
- 设备。
- 一次性费用。

1. 企业用地和建筑

办企业都需要有适用的场地和建筑。也许是用来开工厂的整个建筑，也许只需要租一个铺面。在前面谈到营业地点问题时，你已经决定在哪里设置你的企业。现在要进一步看你的企业具体需要什么样的场地和建筑等。如需要，你可以返回去修改“练习 21”里的地点。

当你清楚了需要什么样的场地建筑时，要作出以下选择：

- 建造新的建筑。
- 购买现成的建筑。
- 租房。
- 在家开业。

造房——如果你的企业对场地和建筑有特殊要求，最好造自己的房子，但这需要大量的资金和时间。

买房——如果你能在优越的地点找到合适的建筑，那么买现成的建筑既简便又快捷。但现成的房子往往需要经过改造才能适合企业的需求，而且需要花大量的资金。

租房——租房比造房和买房所需资金要少，这样做也更灵活。如果是租房，当你需要改变企业地点时，就会容易得多。不过租房不像自己有房那么安稳，而且你也得花些钱进行装修才能使用。这里需要注意的是，这些改造、装修等花费属于投资支出部分，但房屋租金属于流动资金支出部分。

在家开业——在家开业最便宜，但即便这样也少不了要做些调整。在你确定你的企业是否成功之前，在家开业是起步的好办法，待企业成功后再租房和买房也不晚。但在家工作，业务和生活难免互相干扰。

2．设备

设备是指你的企业需要的所有机器、工具、工作设施、车辆、办公家具等。对于制造商和一些服务行业，最大的需要往往是设备。一些企业需要在设备上投入大量资金，这样一来，弄清需要什么设备和选择正确的设备类型就显得非常重要。即便是只需要少量设备的企业，也要慎重考虑你确实需要哪些设备，并把它们写入创业计划。

3．一次性费用

你的企业还需要支付开业前发生的一些费用支出，例如开办费、装修费等。开办费还包括开业前市场调查费、培训费、差旅费、印刷费、注册登记费等。

三个“斑竹”的创业故事（二十五）：投资预测

张华、王剑、孙梅预计需要在场地和设备等各方面投入不少资金，于是他们进行了大量的市场调查。张华借双休日的时间去了一趟浙江的设备生产厂家，王剑以联系业务的名义去了几家鼠标垫生产企业进行暗访，孙梅则走访了几家建筑装修公司。最后对比十几家设备供应商和建筑装修公司的报价信息，他们心中对场地和设备等基本有数了，但具体需要多少，还要仔细算一算：

项目	费用（元）
场地	
车间装修改造	1000
水电管线铺设	1000
设备、工具	
电脑	4000
打印机	2000
热转印机	15000
灭火器、办公家具	1000
开办费	
登记注册和营业执照费	500
市场调查费、咨询费	2000
培训费、技术资料	500
投资总额	27000

根据上述计算，张华他们的企业固定资产和一次性费用共需资金 27000 元。

三、流动资金预测

你的企业开张后要运转一段时间才能有销售收入。制造商在销售之前必须先把产品生产出来；服务商在开始提供服务之前要买材料和用品；零售商和批发商在卖货之前必须先买货。所有企业在招揽顾客之前都要花时间和费用进行促销。所以，你还需要一定数量的流动资金，用于支付以下开销：

- 购买并储存原材料和成品。
- 促销。
- 工资。
- 租金。
- 保险。
- 其他费用。

创业小贴士

有的企业需要足够的流动资金来支付6个月甚至更长时间的全部费用，也有的企业只需要支付3个月的费用。

你必须预测，在获得销售收入之前，你的企业能够支撑多久。一般而言，刚开始的时候销售并不顺利，因此，你的流动资金要计划富余些。

在第八步中，你将制订一个现金流量计划，它会帮助你更准确地预测你所需要的流动资金。等你做完现金流量计划之后，你可能还得回头再更改启动资金里的流动资金数额。

1．购买并储存原材料和成品

制造商生产产品需要原材料；服务行业的经营者也需要一些材料；零售商和批发商需要储存商品来出售。你预计的库存越多，你需要用于采购的流动资金就越大。既然购买存货需要资金，你就应该将库存降到最低限度。

如果你是一个制造商，你就必须预测你的生产需要多少原材料库存，这样你才可以计算出在获得销售收入之前需要多少流动资金。如果你是一个服务商，你必须预测在顾客付款之前提供服务需要多少材料库存。零售商和批发商必须预测他们在开始营业之前需要多少商品存货。

创业小贴士

如果你的企业允许赊账，资金回收的时间就更长，你就需要动用流动资金再次充实库存。

2．促销

新企业开张，需要促销自己的产品或服务，而促销活动需要流动资金。

在第三步中你已经做了促销计划并预算了促销费用。

3．工资

如果你雇用员工，在起步阶段你就得给他们付工资。你还要以工资方式支付自己家庭的生活费用。这样一来，计算流动资金时，你就要计算用于发工资的钱，通过用每月工资总额乘以还没达到收支平衡的月数就可以计算出来。

4．租金

正常情况下，企业一开始运转就要支付企业用地用房的租金。计算流动资金用于房租的金额，用月租金额乘以还没达到收支平衡的月数就可以得出来。而且，你还要考虑到租金可能一付就是 3 个月或 6 个月，会占用更多的流动资金。

在第三步中，你已经选择了开办企业的地点。

5．保险

同样，企业一开始运转，就需要投保并支付所有的保险费，这也需要流动资金。

在第六步中，你也计算了保险费用。

6．其他费用

在企业起步阶段，你还要支付一些其他费用，如设计费、电费、办公用品费、交通费等。

创业小贴士

许多小企业都是因为流动资金不足而倒闭的。

三个“斑竹”的创业故事（二十六）：流动资金需求

张华他们估计，至少经营3个月后才能达到收支平衡。因此，他们必须准备出这3个月企业运转的资金。他们商量这个阶段自己不领设计费，不计入企业启动资金，但要计入成本。

由于一开始对生产和销售都不十分熟悉，所以他们做了一个保守的生产和销售预测。在头3个月里他们能够分别制作和出售时尚鼠标垫300片、300片和600片。

下面是他们为头3个月计算出来的流动资金需求：

项　　目	头3个月的流动资金（元）
原材料和包装	1560
张华、王剑和孙梅的工资（每人每月3600元）	10800
员工工资（聘请兼职会计每月400元）	1200
设计费（每月800元，头3个月不领）	0
房租（每月1000元）	3000
市场营销和促销（每月500元）	1500
保险费（全年）	240
维修费（每月70元）	210
电费、电话、宽带费（每月950元）	2850
流动资金总额	21360

算出来所需的流动资金总额是21360元。那么，他们开办企业所需要的启动资金总额＝固定资产总额＋流动资金总额＝27000+21360＝48360元（参见故事二十五）。这个数额远远超过他们能投入的30000元（参见故事二）。

他们觉得这个数字不大对头，流动资金的算法可能有问题：

第一，这是假设头3个月没有任何销售收入的情况，只有出没有进，不能体现资金流动情况。

第二，有些费用可能被遗漏。在以后做现金流量计划时，他们会尽量把它做得更加完整和准确，以便最终确定流动资金需要量和启动资金总额（参见故事三十二、三十三）。

做练习 33

通过社会实践和计算练习，你将学到更多有关企业启动资金需求方面的知识。

做练习 34

你能够预测你的企业启动时需要的资金量。

小　结

当计划开办一家新企业时，你要准确计算一下所需要的启动资金总额。这笔钱将用于投资和流动资金，这是防范企业财务风险的重要一步。为了保证你的企业正常运转，你还必须制订一份现金流量计划，下一步将介绍怎样制订现金流量计划。

本步学习内容要点归纳如下：

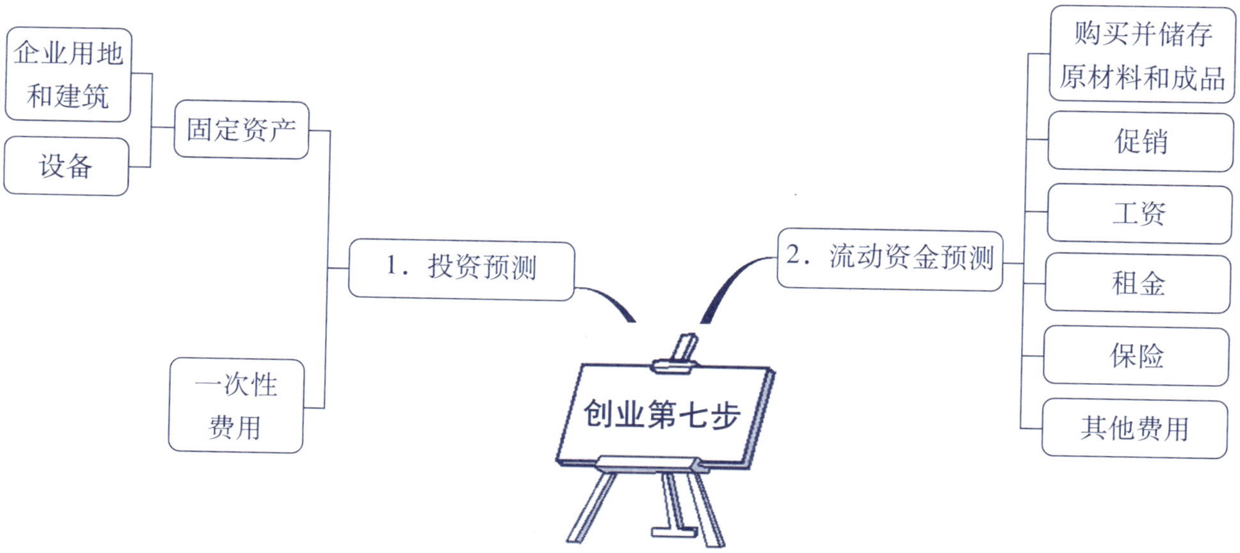

第八步　如何制订你的利润计划?

学习目标：

- **了解两种重要的定价方法。**
- **掌握计算销售收入的方法。**
- **应用正确的方法预测销售成本计划和现金流量计划。**
- **掌握常见的融资渠道和融资技巧。**

到此，你应该对自己的企业构思感到高兴了。因为你已经衡量了你的企业构思，了解了你的市场，预测了你的销售量，计算了你需要的启动资金。

现在，你要关注你的企业怎样挣钱的问题，这对企业的成败至关重要。学完这一步，你将对下列主要问题作出决策：

- **制定销售价格**——你卖出的东西，顾客应付多少钱。
- **预测销售收入**——你应从前 12 个月的销售中收到多少钱。
- **制订销售和成本计划**——看看你是挣钱，还是赔钱。
- **制订现金流量计划**——你是否有足够的资金保证企业正常运转。

一、制定销售价格

在确定产品价格之前，要计算出你为顾客提供产品或服务所产生的成本。每家企业都会有成本。作为企业主，你必须详细了解经营企业的成本。

很多企业因为没有能力控制好企业的经营成本而陷入财务困境。一旦成本大于收入，必然导致企业倒闭。

制定价格主要有两种方法：

- **成本加价法**——将制作产品或提供服务的全部费用加起来，就是成本价格。在成本价格上加一个利润百分比得出的就是销售价格。
- **竞争比较法**——定价时，除考虑成本外，你还要了解当地同类商品或服务的价格，以保证你的定价具有竞争力。如果你定的价格比竞争者的高，你要保证你能更好地满足顾客的需要。

你在第三步中制订你的市场营销计划时，已经初步确定了你的产品或服务的价格水平。现在，你要更准确地制定你的产品或服务的销售价格。

1．成本加价法

在这种定价方法下，将所有制造某种产品或提供某项服务而发生的耗费均计入成本并将成本加起来，计算出单位产品总成本，再加上你的目标成本利润，最后得出销售价格。

其计算公式为：

单位产品价格＝单位产品成本＋单位产品成本×成本利润率

采用成本加价法定价，确定合理的成本利润率是一个关键问题，而成本利润率的确定必须考虑市场环境、竞争程度、行业特点等因素。这种方法尤其适用于制造商和服务商。

如果你的企业经营有效，成本不高，用这种方法制定的销售价格在当地应该是具有竞争力的。但是，如果你的企业经营不好，你的成本就可能会比竞争者的高，这意味着你用成本加价法制定的价格会太高，而不具有竞争力。

那么，怎样具体地计算成本价格呢？

- 首先，你要了解自己生产产品或提供服务的成本构成。
- 其次，你要了解固定资产折旧也是一种成本。
- 最后，计算出单位产品或服务的成本。

（1）了解自己的成本构成

对于一家新企业来说，预测成本绝不是一件容易的事。最好的方法是参照一家同类企业，了解一下该企业计入了哪些成本。你在第七步中预测你的企业启动资金时，就已经对这些成本有所了解。下面所列的是企业常见的成本项目：

材料费	工资和员工福利
水、电、气费	广告费
折旧费	咨询费（律师和会计事务）
维修费	银行收费
租金	办公文具和邮费
保险费	电话费
差旅费	营业执照费

所有企业都有两种成本。有些成本在一定时间范围和业务量范围内是不变的，如租金、保险费和营业执照费等，这些成本叫做不变成本。另外一些成本在一定范围内会随着生产或销售的起伏而变化，如材料成本，这些成本是可变成本。

对于制造商或服务商来说，可变成本就是制造产品或提供服务的成本。例如，一个面包师要购买诸如面粉、酵母和牛奶等原料做面包；一个零售商要买进用于再出售的商品；一家食品店要买糖果、饼干等存货。

预测成本时，你必须认真区分可变成本和不变成本。你的材料成本永远属于可变成本。如果还有其他可变成本，你必须知道这些成本是怎样随着销售的增长而变化的。在你的不变成本中还有一些是需要分摊的，如保险费、营业执照费等。

（2）折旧是一种特殊成本

折旧是由于固定资产在使用过程中不断贬值而产生的一种成本，如设备、工具和车辆等。它虽然不是企业的现金支出，但仍然是一种成本。

由于折旧是针对固定资产而言的，因此，你只需要计算固定资产（有较高价值和有较长使用寿命的资产）的折旧价值。

根据我国现行税法，以下折旧率适用于大多数小企业。

固定资产类型	每年折旧率
机动车辆	25%
与生产经营活动有关的器具、工具、家具	20%
机器、机械和其他生产设备	10%
店铺	5%
工厂建筑	5%

我国现行税法将土地使用权列入无形资产，不计提折旧，按使用年限进行摊销。

做练习 35 中的习题 1

你将体会估算折旧成本对企业的意义。

三个“斑竹”的创业故事（二十七）：预测折旧费

张华他们觉得需要进行折旧的固定资产不少，有车间进行改造装修及铺设水电管线、电脑、打印机、热转印机、办公家具等。这些与生产经营有关的器具、工具、家具应该按5年（60个月）折旧。听说前期开办费3000元也能照这种办法摊进成本，于是他们自己定为10个月回收。

与生产经营有关的器具、工具、家具折旧费＝24000 ÷ 60 ＝ 400元/月

前期开办费摊销=3000 ÷ 10 ＝ 300元/月（参见故事二十二）

这样算下来，第一年每个月提留固定资产折旧费和开办费摊销共700元。这是他们根据实际情况定的折旧期，他们觉得很合理，可自己定个比较实际的折旧期，税务部门能同意吗？他们决定到税务所去咨询。

做练习 35 中的习题 2

学会计算折旧的方法。

（3）计算单位产品或服务的成本

算出一个月的总成本，再除以当月的产品数量，就能得出你的产品或服务的单价。

三个“斑竹”的创业故事（二十八）：预测单位产品的成本

作为企业里负责技术和生产的经理，张华要预测出产品的单位成本。他知道这是一项很重要的任务，所以花了不少时间通过网络和上街调查各种原材料的价格。他设计和制作了一些样品来确定每片时尚鼠标垫的工时和材料消耗，推算出批量生产时的成本。另外，他还对别人的产品成本进行了分析比较。经计算，张华得出一个月生产1200片时尚鼠标垫的总成本（元）如下：

项目	金额（元）
橡胶片	600
打印耗材、油墨	720
包装原料	240
市场营销和促销	500
工资	4000
设计费	800
房租	1000
折旧及开办费摊销	700
保险费	20

续表

项目	金额（元）
维修费	70
电费、电话、宽带费	950
月成本总计	9600

这样，鼠标垫单位成本＝当月总成本÷时尚鼠标垫产量＝9600 ÷ 1200 = 8元/片。考虑到自己的“e时尚鼠标垫”产品主要靠创意和设计取胜，并且大多数产品属于客户定制的个性化产品，销售量不会太高，他们决定按成本加利润100%的办法确定销售价。

不含增值税的销售单价＝8 + 8 × 100% = 16元/片

当初他们把批发价定在16元应该是可行的，保证了足够的利润以尽快收回投资，但还需要参照竞争对手的价格，看看这个价格有没有市场竞争力。

做练习35中的习题3

你将学到更多有关计算成本价格方面的知识。

2. 竞争比较法

这是确定价格的另外一种方法，即参照竞争对手的价格，看看你定的价格与他们的相比是不是有竞争力。

实际上可以同时用成本加价法和竞争比较法这两种方法来制定价格。一方面，你要严格核算产品成本，保证定价高于成本；另一方面，你要随时观察竞争者的价格，并与之比较，以保持你的价格有竞争力。

创业小贴士

要比较同类价格。例如，不要拿制造商的销售价和商店的零售价进行比较。

三个“斑竹”的创业故事（二十九）：价格比较

张华他们制作的时尚鼠标垫的价格在市场和网络上要有竞争力才好卖。他们进行市场调查时了解到，类似产品大部分的销售价为20～50元。而他们预计生产的鼠标垫的式样比竞争对手的新颖且服务更周到，针对1片起订的个人客户，含税零售价定在16元左右比较容易进入市场。针对批量较大的企业、单位等集团客户，在16元的基础上打折（八五折）销售，价格仅为13.6元，价格将更有竞争力，还能保证自己有85%～100%的利润率。他们采用竞争比较法和成本加价法得出的结果是吻合的，既保证了利润以尽快收回投资，又能使自己产品的价格具有一定的竞争力。

创业小贴士

一般来说，当一家新企业进入市场时，竞争对手的反应是很激烈的。他们也许会压低价格，使新企业难以立足。所以，即使你的企业计划做得很完备，也难免会面临一些意外的风险。

做练习 35 中的习题 4

通过社会实践调查，你将理解两种定价方法的意义。

做练习 36

记录你的企业产品或服务的销售价格。

二、预测销售收入

你在第三步中做市场调查时，已经对销售额作了预测。现在可能需要再核实一遍，看看你提出的数字是否切合实际。

在计划新企业时，知道一定量的销售能带来多少收入，叫做销售收入预测。为了预测销售收入，你可以采取以下步骤：

- 列出你的企业推出的所有产品或产品系列，或所有服务项目。
- 预测第一年里每个月你期望销售的每项产品数量，它来自于你所做的市场调查。
- 为你计划销售的每项产品制定价格。

- 用销售价格乘以月销售量来计算每项产品的月销售额。

三个“斑竹”的创业故事（三十）：预测销售收入

张华他们打算3月份开办企业。他们计划正常月份每月生产1200片鼠标垫。但在头3个月，他们计划的生产量要小得多，预计的是300片、600片和900片。当然，这个计划也有水分。鼠标垫的销售有一定的季节性，年初、年中、年底时卖得多，其他时间会少一些，要靠大力促进销售才能完成计划。他们的时尚鼠标垫每片售价13.6～16元。下面是他们对当年销售收入的预测：

项目		3月	4月	5月	6月	7月	8月	9月	10月	11月	12月
个人客户	销售数量（片）	150	300	450	450	500	500	500	600	600	600
	平均单价（元）	16	16	16	16	16	16	16	16	16	16
	月销售额（元）	2400	4800	7200	7200	8000	8000	8000	9600	9600	9600
集团客户	销售数量（片）	150	300	450	450	500	500	500	600	600	600
	平均单价（元）	13.6	13.6	13.6	13.6	13.6	13.6	13.6	13.6	13.6	13.6
	月销售额（元）	2040	4080	6120	6120	6800	6800	6800	8160	8160	8160
合计	销售总量（片）	300	600	900	900	1000	1000	1000	1200	1200	1200
	销售总收入（元）	4440	8880	13320	13320	14800	14800	14800	17760	17760	17760

创业小贴士

预测销售和销售收入是准备创业计划中最重要和最困难的部分。大多数人都会过高估计自己的销售，因此，你在预测销售时不要太乐观，要切合实际。

做练习 37

预测你自己的销售收入。

三、制订销售和成本计划

仅仅知道自己的销售收入是不够的。为了掌握企业实际运转的情况，你一定要计算你的企业是不是有了利润。只有这样，你才能准确地知道你的企业是否在挣钱。利润来自销售收入减去企业经营成本。

三个“斑竹”的创业故事（三十一）：销售和成本计划

张华他们用自己的成本预测和销售收入预测来制订当年的销售和成本计划。他们降低了计划中头几个月的原材料成本，因为生产和销售预计低于原先估计的每月1200片。他们的销售和成本计划如下：

项目	金额（元）月份	3	4	5	6	7	8	9	10	11	12	合计
销售	含税销售收入	4573.2	9146.4	13719.6	13719.6	15244	15244	15244	18292.8	18292.8	18292.8	141769.2
	增值税	133.2	266.4	399.6	399.6	444	444	444	532.8	532.8	532.8	4129.2
	销售净收入	4440	8880	13320	13320	14800	14800	14800	17760	17760	17760	137640
成本	原材料及包装	390	780	1170	1170	1300	1300	1300	1560	1560	1560	12090
	工资	4000	4000	4000	4000	4000	4000	4000	4000	4000	4000	40000
	设计费	800	800	800	800	800	800	800	800	800	800	8000
	房租	1000	1000	1000	1000	1000	1000	1000	1000	1000	1000	10000
	营销和促销	500	500	500	500	500	500	500	500	500	500	5000
	保险费	20	20	20	20	20	20	20	20	20	20	200
	维修费	70	70	70	70	70	70	70	70	70	70	700
	电费、电话费、宽带费	950	950	950	950	950	950	950	950	950	950	9500
	折旧和摊销	700	700	700	700	700	700	700	700	700	700	7000
	总成本	8430	8820	9210	9210	9340	9340	9340	9600	9600	9600	92490
附加税费		13.32	26.64	39.96	39.96	44.4	44.4	44.4	53.28	53.28	53.28	412.92
利润		-4003.32	33.36	4070.04	4070.04	5415.6	5415.6	5415.6	8106.72	8106.72	8106.72	44737.08
企业所得税		0	—	—	1042.53	—	—	4061.7	—	—	6080.04	11184.27
企业净利润		-4003.32	33.36	4070.04	3027.51	5415.6	5415.6	1353.9	8106.72	8106.72	2026.68	33552.81

张华他们比较高兴，看来从第二个月开始企业就有了利润。为了使流动资金更宽裕些，他们头3个月没有领设计费，但设计费必须计入成本，以便计算出准确的利润。

注：

- 应纳增值税额=月销售净收入×3%（教材第六步中提供了我国税法最新规定的简易算法，请参考。）
- 应纳城市维护建设税和教育费附加＝应纳增值税额×（7%＋3%）
- 利润＝含税销售收入－增值税及附加费－总成本
- 应纳企业所得税额＝企业年利润×25%（张华他们通过咨询专家，了解到本地有限责任公司所得税是按季度预缴的，上季度如果有亏损可在下季度弥补。但专家提醒他们企业所得税一般按年计征，分月或分季预缴，年终汇算清缴，多退少补，具体的应去咨询税务局。）

做练习 38

你将学到更多有关制订销售和成本计划方面的知识。

销售和成本计划使你既看到销售也看到成本，并知道你是否在赢利。当你计划开办一家新企业时，你应该预测第一年中每个月的利润。

做练习 39

制订你的销售和成本计划。

四、制订现金流量计划

现金就像是使企业这台发动机运转的燃料，有些企业主由于缺乏管理现金流量的能力，导致企业经营中途抛锚。现金流量计划显示每个月预计会有多少现金流入和流出企业。预测现金流量计划将帮助你的企业保持充足的动力，使你的企业在任何时候都不会出现现金短缺的危机。大多数企业每天都要收取和支付现金，成功的企业主都要制订现金流量计划。

当然，制订现金流量计划绝非易事，下列原因会为制订现金流量计划带来困难：

- 有些销售需要赊账，赊销通常在几个月后才能收回现金。你在制订市场营销计划时，就已经决定了赊销政策，现在，你要考虑到这个因素。

- 有时企业采购会赊账，以后再付现金，这也会使现金流量计划的制订变得更加复杂。但赊购对于一家新企业而言不太可能，因而也就不太常见。

- 企业的某些费用是“非现金”的，如设备折旧这样的项目将不包括在现金流量计划里。但是，设备折旧期一过，就可能丧失功能，你必须用现金购买新设备。如果你没有考虑到这个因素，备足现金，将会给你的企业正常运转带来麻烦。

三个“斑竹”的创业故事（三十二）：现金流量计划

项目	金额（元）/ 月份	2	3	4	5	6	7	8	9	10	11	12	合计
现金流入	月初现金	0	3000	-3056.52	-4969.56	-2979.12	368.79	5260.39	10951.99	12581.89	19275.81	27569.73	—
	现金销售	—	2040	4080	6120	6120	6800	6800	6800	8160	8160	8160	63240
	赊账销售	—	—	2400	4800	7200	7200	8000	8000	8000	9600	9600	64800
	销售总收入	—	2040	6480	10920	13320	14000	14800	14800	16160	17760	17760	128040
	贷款	—	—	—	—	—	—	—	—	—	—	—	—
	业主投资	30000	—	—	—	—	—	—	—	—	—	—	30000
	可支配现金	30000	5040	3423.48	5950.44	10340.88	14368.79	20060.39	25751.99	28741.89	37035.81	45329.73	—
现金流出	现金采购	—	390	780	1170	1170	1300	1300	1300	1560	1560	1560	12090
	赊账采购	—	—	—	—	—	—	—	—	—	—	—	0
	工资	—	4000	4000	4000	4000	4000	4000	4000	4000	4000	4000	40000
	设计费	—	800	800	800	800	800	800	800	800	800	800	8000
	营销和促销	—	500	500	500	500	500	500	500	500	500	500	5000
	保险费	—	240	—	—	—	—	—	—	—	—	—	240
	维修费	—	70	70	70	70	70	70	70	70	70	70	700
	电费、电话费	—	950	950	950	950	950	950	950	950	950	950	9500
	设备购买	22000	—	—	—	—	—	—	—	—	—	—	22000
	场地	2000	—	—	—	—	—	—	—	—	—	—	2000
	房租	—	1000	1000	1000	1000	1000	1000	1000	1000	1000	1000	10000
	开办费	3000	—	—	—	—	—	—	—	—	—	—	3000
	贷款本息	—	—	—	—	—	—	—	—	—	—	—	0
	增值税	—	133.2	266.4	399.6	399.6	444	444	444	532.8	532.8	532.8	4129.2
	附加税费	—	13.32	26.64	39.96	39.96	44.4	44.4	44.4	53.28	53.28	53.28	412.92
	企业所得税	—	0	—	—	1042.53	—	—	4061.7	—	—	6080.04	11184.27
	现金总支出	27000	8096.52	8393.04	8929.56	9972.09	9108.4	9108.4	13170.1	9466.08	9466.08	15546.12	128256.39
月底现金		3000	-3056.52	-4969.56	-2979.12	368.79	5260.39	10951.99	12581.89	19275.81	27569.73	29783.61	—

张华他们计划在2月份进行场地装饰和购买热转印设备、电脑、打印机、办公家具等。他们还打算以货到付款的赊销方式将时尚鼠标垫出售给个人客户，货款一个月之内到账。

张华他们马上就发现了问题。现金流量表反映出开业头3个月现金短缺，3月份缺口3056.52元，最多的时候是4月份，缺口4969.56元，6月份的现金连最基本的生产资金都难以保证。这出乎他们的意料。其主要原因是，前3个月销售水平不高，只有300片、600片、900片。另外，也没有预计到赊销占用的资金。原来以为自己的那点钱够用，现在看来还得借些钱。另外，从表上看年底有现金29783.61元，但不都是利润，其中还包括张华他们头3个月未支取的设计费2400元，来年初股东分红要缴纳的个人所得税、来年要缴的保险等。

做练习 40、41

你将学到更多有关看懂现金流量计划和制订现金流量计划方面的知识。

通过制订现金流量计划，你可以随时确定自己的流动资金需求。现金流量计划有助于确保你的企业在任何时候都不会陷入无现金经营的窘境。

五、融资渠道

你已经确定了你的企业所需的启动资金额，现在，你要考虑从哪里筹措到这笔资金。对于大多数微小企业来说，启动资金来自企业主自己的积蓄。不过你可以试试以下渠道：

- 从朋友或亲戚处借钱。
- 从供货商处赊购。
- 从银行或其他金融机构贷款。
- 天使投资、风险投资。

筹措启动资金并非易事，获得创办企业的启动资金需要恒心和决心。创办企业时，你可以多试几条不同的渠道来筹措启动资金。有时，你可能要同时从几条渠道筹集足够的费用。

1．从朋友或亲戚处借钱

从朋友或亲戚处借钱是创办企业最常见的做法。但是，一旦你的企业办失败了，与亲戚朋友之间会因收不回自己的钱而伤了感情。因此，从一开始，你就要向他们说明借钱给你具有一定的风险。为使他们了解你的企业，你要给他们一份你的创业计划副本，并定期向他们报告创业进展情况。

2．从供货商处赊购

在制造业中，一般企业主可以从供货商那里赊一部分账。不过，这也不容易，因为大多数供货商只有在弄清楚你的企业确实能够运转良好之后，才会为你提供赊账。

3．从银行或金融机构贷款

银行或其他金融机构是正规金融部门，它们在向借款人贷款时有严格的条件和审查程序：

首先，它们会要求你填写一份借款申请表，并在表后附上你的创业计划。

其次，银行一般需要贷款抵押品或质押品，如私人房产、银行存单、有价证券等。如以私人房产作抵押，还要办理房产价值评估以及公证等手续。而且，银行或其他金融机构为了降低风险，一般不会按抵押品的实际价值给你贷款。它们通常要确保抵押资产的价值高于你的贷款和未付利息额。如果你的企业失败了，你将失去这些个人资产。可见，向正规金融部门贷款是不易的。即使你有抵押品，借贷机构还是会提出不同的利率和贷款条件。

4．天使投资、风险投资

天使投资是自由投资者或非正式风险投资机构对原创项目构思或小型初创企业进行的一次性的前期投资。这类投资是一种非组织化的创业投资形式，其资金来源大多是民间资本，而非专业的风险投资商；同时，它门槛较低，有时即便是一个企业构思，只要有发展潜力，就能获得资金。但天使投资者不是不计后果地冒风险，他们的投资数量有限，多是一次性投资，一般来讲，他们具有投资于一个自己熟知的行业、离家较近等特点。有时天使投资者可能就是你的朋友、亲戚。

风险投资简称 VC，是指以高新技术为基础，生产与经营技术密集型产品的投资。从投资行为的角度来讲，风险投资是把资本投向蕴藏着失败风险的高新技术及其产品的研究开发领域，旨在促使高新技术成果尽快商品化、产业化，以取得高资本收益的一种投资过程。从运作方式来看，风险投资是由专业化人才管理下的投资中介向特别具有潜能的高新技术企业投入风险资本的过程，也是协调风险投资家、技术专家、投资者关系，利益共享、风险共担的一种投资方式。风险投资的投资期限至少 3～5 年，投资方式多为股权投资，风险投资人通常会积极参与被投资企业的经营管理。风险投资的目的是追求超额回报，在被投资企业增值后，风险投资人会通过上市、收购兼并或其他股权转让方式撤出资本，实现增值。

在寻找资金开办企业时，为了获得最好的贷款条件，要多了解几条渠道。目前，为了帮助小企业家创业，国家正在制定各种相关法规和政策，为小企业家创业创造宽松的环境。其中，建立小额贷款信用担保基金和担保体系，就是为解决小企业融资难问题而采取的有效措施。同时，我国为鼓励大学生自谋职业、自主创业，各地出台了相应的资金、政策方面的扶持政策，你在寻找资金时，也可以寻求这些政策上的帮助和支持。

三个“斑竹”的创业故事（三十三）：借钱

张华他们3—5月份的现金缺口很大。他们不想让企业有更多的业主，找更多合伙人，也不愿动用亲戚朋友的钱创业。因此，他们要寻找其他获得资金的渠道。他们听说当地城市商业银行有鼓励小企业的小额优惠贷款，目前年利率只有6%（以实际为准）。于是，他们递交了一份申请，借到了10000元，3月初借，12月底连本带息还10500元（10000元×6%×10个月÷12个月=10500元），期限10个月。

张华他们知道贷款后贷款利息将构成一项成本。为弄清支付利息后的利润状况和这些资金是否够用，他们修改了销售和成本计划及现金流量计划。

修改后的销售和成本计划：

项目	金额（元）/月份	3	4	5	6	7	8	9	10	11	12	合计
销售	含税销售收入	4573.2	9146.4	13719.6	13719.6	15244	15244	15244	18292.8	18292.8	18292.8	141769.2
	增值税	133.2	266.4	399.6	399.6	444	444	444	532.8	532.8	532.8	4129.2
	销售净收入	4440	8880	13320	13320	14800	14800	14800	17760	17760	17760	137640
成本	原材料及包装	390	780	1170	1170	1300	1300	1300	1560	1560	1560	12090
	工资	4000	4000	4000	4000	4000	4000	4000	4000	4000	4000	40000
	设计费	800	800	800	800	800	800	800	800	800	800	8000
	房租	1000	1000	1000	1000	1000	1000	1000	1000	1000	1000	10000
	营销和促销	500	500	500	500	500	500	500	500	500	500	5000
	保险费	20	20	20	20	20	20	20	20	20	20	200
	维修费	70	70	70	70	70	70	70	70	70	70	700
	电费、电话费、宽带费	950	950	950	950	950	950	950	950	950	950	9500
	折旧和摊销	700	700	700	700	700	700	700	700	700	700	7000
	贷款利息	50	50	50	50	50	50	50	50	50	50	500
	总成本	8480	8870	9260	9260	9390	9390	9390	9650	9650	9650	92990
附加税费		13.32	26.64	39.96	39.96	44.4	44.4	44.4	53.28	53.28	53.28	412.92
利润		-4053.32	-16.64	4020.04	4020.04	5365.6	5365.6	5365.6	8056.72	8056.72	8056.72	44237.08
企业所得税		0	—	—	992.53	—	—	4024.2	—	—	6042.54	11059.27
企业净利润		-4053.32	-16.64	4020.04	3027.51	5365.6	5365.6	1341.4	8056.72	8056.72	2014.18	33177.81

修改后的现金流量计划：

项目 \ 金额（元） \ 月份		2	3	4	5	6	7	8	9	10	11	12	合计
月初现金		0	3000	6943.48	5030.44	7020.88	10418.79	15310.39	21001.99	22669.39	29363.31	37657.23	—
现金流入	现金销售	—	2040	4080	6120	6120	6800	6800	6800	8160	8160	8160	63240
	赊账销售	—	—	2400	4800	7200	7200	8000	8000	8000	9600	9600	64800
	销售总收入	—	2040	6480	10920	13320	14000	14800	14800	16160	17760	17760	128040
	贷款	—	10000	—	—	—	—	—	—	—	—	—	10000
	业主投资	30000	—	—	—	—	—	—	—	—	—	—	30000
	可支配现金	30000	15040	13423.48	15950.44	20340.88	24418.79	30110.39	35801.99	38829.39	47123.31	55417.23	326455.9
现金流出	现金采购	—	390	780	1170	1170	1300	1300	1300	1560	1560	1560	12090
	赊账采购	—	—	—	—	—	—	—	—	—	—	—	0
	工资	—	4000	4000	4000	4000	4000	4000	4000	4000	4000	4000	40000
	设计费	—	800	800	800	800	800	800	800	800	800	800	8000
	营销和促销	—	500	500	500	500	500	500	500	500	500	500	5000
	保险费	—	240	—	—	—	—	—	—	—	—	—	240
	维修费	—	70	70	70	70	70	70	70	70	70	70	700
	电费、电话费	—	950	950	950	950	950	950	950	950	950	950	9500
	设备购买	22000	—	—	—	—	—	—	—	—	—	—	22000
	场地	2000	—	—	—	—	—	—	—	—	—	—	2000
	房租	—	1000	1000	1000	1000	1000	1000	1000	1000	1000	1000	10000
	开办费	3000	—	—	—	—	—	—	—	—	—	—	3000
	贷款本息	—	—	—	—	—	—	—	—	—	—	10500	10500
	增值税	—	133.2	266.4	399.6	399.6	444	444	444	532.8	532.8	532.8	4129.2
	附加税费	—	13.32	26.64	39.96	39.96	44.4	44.4	44.4	53.28	53.28	53.28	412.92
	企业所得税	—	0	—	—	992.53	—	—	4024.2	—	—	6042.54	11059.27
	现金总支出	27000	8096.52	8393.04	8929.56	9922.09	9108.4	9108.4	13132.6	9466.08	9466.08	26008.62	138631.39
月底现金		3000	6943.48	5030.44	7020.88	10418.79	15310.39	21001.99	22669.39	29363.31	37657.23	29408.61	—

他们把销售和成本计划及现金流量计划交给专家，请他提意见。专家提出以下几点建议：

- 销售量要考虑到销售的淡旺季，10 月份后的销售量可能太乐观了。
- 忘记了开办企业所需的办公费用。
- 促销费用预计得不足。

他们很感谢专家的指教，决定重新修改现金流量计划。

六、融资技巧

在借钱创办企业时，有必要使投资人相信你：

- 确实需要并清楚你所要买的资产。
- 核实了其他成本和资产类型。
- 能够偿还投资收益，收益来自未来的利润。
- 创业团队的能力和经验。
- 企业发展的前景。

为了提高自己获得投资的机会，你在设法接近潜在的投资者时，要考虑以下步骤：

- 提前约定见面时间，不要随便走访。
- 准备好回答有关你的企业的任何问题，因为投资者多半想知道你对自己的企业了解得有多深，也更想了解你的创业团队。
- 多准备几份你的创业计划副本。
- 准备回答个人信用和企业资产方面的问题。
- 询问何时能够对你的申请作出答复。如果没有及时得到答复，要问问是否还需要你提供其他信息。

如果你决定从银行贷款，大多数银行都有贷款申请表。你可以从你的创业计划中找到贷款申请表所需要的内容。你要认真、准确地填完表格，并在表后附上你的创业计划。天使投资或风险投资更注重创业计划和创业团队的综合素质。

如果申请被拒绝，问问为什么。最常见的原因是：

- 你的企业构思被认为风险太大。
- 你没有足够的抵押、质押或担保品。贷款人需要抵押品，以便在你无法还款时，也能收回贷款。
- 你要求贷款的理由不清楚或贷款不能接受。
- 你看上去不自信、不乐观、不投入、不专业。
- 你对于自己的企业目标了解得不够或不实际。
- 你没有准备好完整的创业计划。

如果你的申请被拒绝，请修改你的创业计划。你要有恒心和决心，直到能够被投资者接受为止。

创业小贴士

诚信是创业的根本。“好借好还，再借不难！”市场经济中企业的诚信记录关乎企业的生存。

做练习 42

准备好你的现金流量计划，如果你打算申请贷款，请做该练习。

小　结

制定成本价格是创业者的重要工作！同时，通过制订和不断修改销售和成本计划与现金流量计划，你能够更准确地确定创办企业的赢利能力和所需要的资金，这样才能显示出你创办企业的可行性。要获得创办企业的贷款，需要恒心和决心，首先，重要的是修改好你的创业计划。

本步学习内容要点归纳如下：

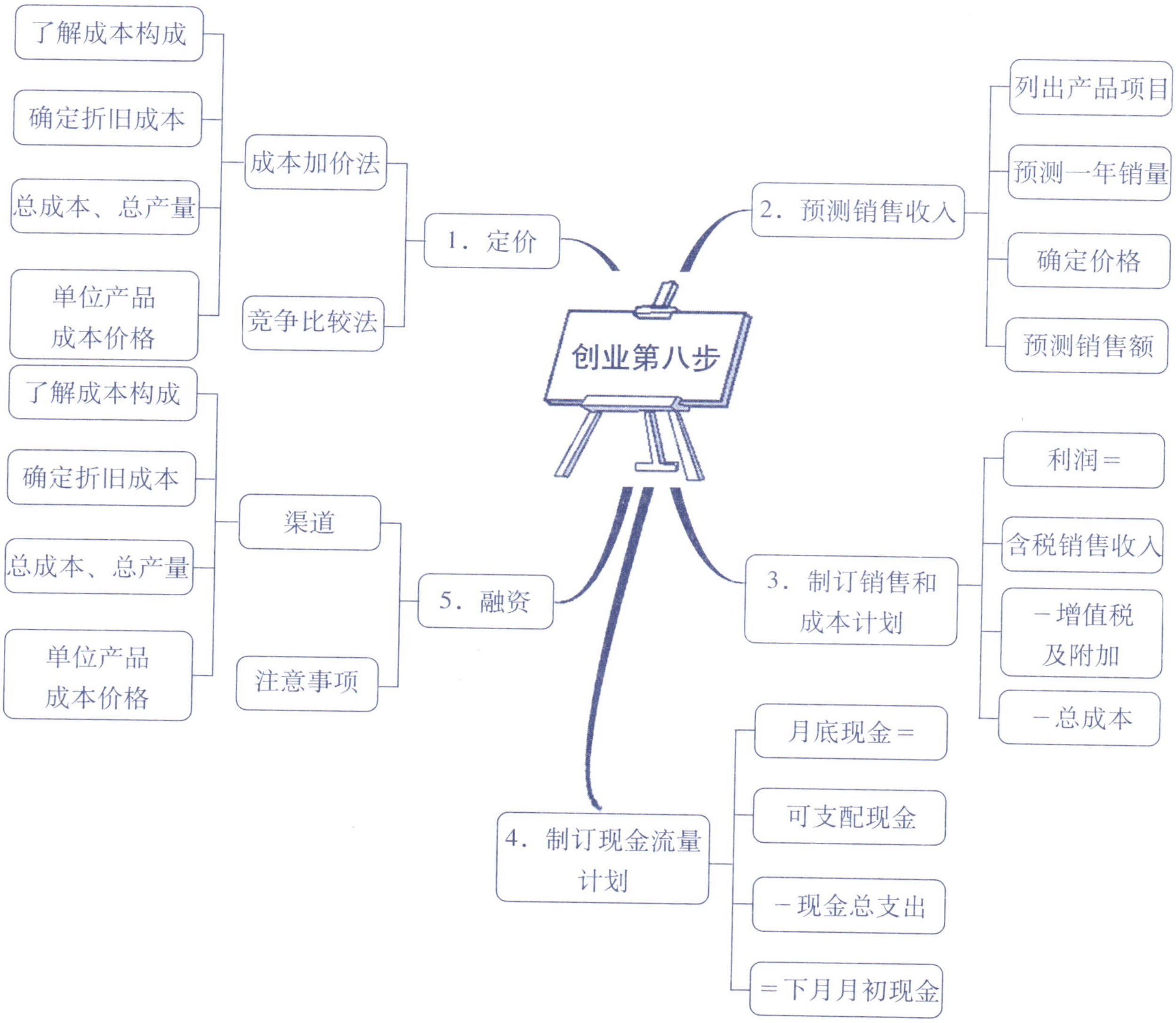

现金流量计划与销售和成本计划之间的一些主要不同点如下：

金额（元）／月份 项目	销售和成本计划	现金流量计划
折旧	包括	不包括
贷款	包括贷款利息，但不包括贷款本金	既包括贷款利息，又包括贷款本金
销售	赊账销售和现金销售	现金销售和赊销回款

第九步　如何判断你的企业能否生存？

学习目标：

- 掌握创业计划书的基本内容。
- 了解怎样判断你的企业能否生存。

在创办一家企业之前，你需要收集和利用大量的信息。在顺利完成前面所有步骤之后，你已经通过大量的练习掌握了充足的信息。现在，就来完成你的创业计划吧！

在这一步里，你要对所有信息进行综合分析，完成并充实你的创业计划，再度判断你的创业项目有多大的成功机会，从而决定你是否应该创办这家企业。

一、准备编制创业计划

- 要注意保护你的商业秘密，当前很多大学生将自己的创业项目编写成创业计划参加各类创业计划大赛，对创业计划书完全进行公开宣读和公开评议。创业热情是必要的，但是，真正的创业计划书是要有所保密的。
- 计划书中的用词、用字、标点和相关的数字计算都要十分准确。应尽量用简单而准确的词语来描述每件事。段落要清晰，逻辑层次要清楚。该用图表说明的地方应该用图表说明，体现出创业者的创业能力。

- 要事先做好充分的市场调查。要知道创业计划不是“写”出来的，而是“做”出来的，只有“做”好市场调查，你的创业计划才有准确的数据，才有说服力。
- 充分了解你的目标读者的主要需求。对于亲戚或朋友、天使投资者来说，可能一份简单的创业计划就够了，但如果想吸引银行或其他金融机构、风险投资者的投资，那么，一份精心准备的创业计划是必需的。

创业小贴士

机会总是留给有准备的人。只有准备和计划周详才能抓住创业机会。

二、完成你的创业计划

你的创业计划一定要写得很详尽，它应该包括以下几部分：

- **概要**——高度概括创业计划各部分内容的要点，勾画出企业的轮廓。概要的内容要全面，条理要清晰，它是你的新企业给人的第一印象。这部分尽管是在最后写成，却要放在创业计划的首页。
- **企业构思**——概括描述你的企业，重点说明你要推出的产品或提供的服务，以及你的顾客群体。
- **市场评估**——任何生意都是通过满足顾客需求而获取利润的。对市场的大小、未来的前景，以及顾客和竞争对手都要进行调查和了解。市场营销计划说明你针对什么特定顾客群的需求来确定产品的市场定位，详细介绍产品或服务的特点、价格、营业特点、销售渠道和促销方式。
- **企业组织**——这部分谈你将如何组建新企业，包括企业的法律形态、组织结构、员工和你的职责。
- **企业财务**——任何企业的目的都是赢利。创业计划的这个部分就是要你通过测算销售额、成本和利润来反映企业的效益及启动资金的需要量。
- **附件**——一般来讲，你提供的信息越详尽，获取帮助的机会就越大。所以，诸如申请哪种营业执照、产品或服务目录、价格表、岗位责任和工作定额等均应附在创业计划的后面。

不同类型的企业可以用适合自己情况的格式来写创业计划，上述格式是我们的培训所要求的。只要你能够根据上述要求写出你的创业计划，再写其他形式的创业计划对你来说也就没有什么困难了。银行等金融贷款机构可能要了解更加详细的情况，或要求你用另一种格式写创业计划，但上述内容均不可少。

你可以参考本教材《创业计划书》的格式来编制你的创业计划。

做练习 43

通过调查，了解到更多完成创业计划所需的信息。

三、你可以开办企业吗

现在，你的创业计划已经完成，接下来就要考察你是否做好了开业的准备。下面的问题都是你要考虑的：

- 你有没有足够的时间和精力来承担企业的管理工作？
- 你的企业是否能赚钱？
- 你是否有足够的资金来办企业？
- 你是否有足够的责任心和能力？

1．你有决心和能力创办你的企业吗

你已经汇集了大量有关新企业的信息。现在你要真实地面对自己，再次考虑你是否做好了开办和管理这家企业的准备。请返回去把第一步中的《创业潜力测试》再做一遍，你的一些想法可能会有所变化。

2．你的企业能否赢利

你的销售和成本计划反映了企业开办头一年该产生的利润。前几个月可能没有赢利，但往后就应当有，如果生意仍然亏损或者利润很薄，请考虑以下提示：

- 销量能不能提高？

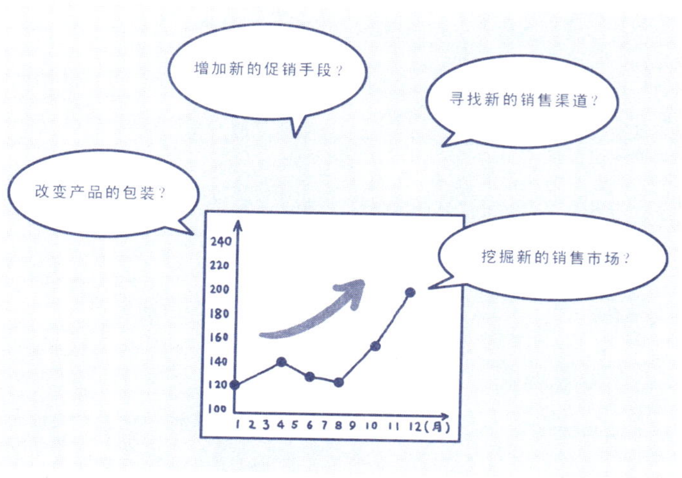

- 销售价格有没有提高的余地？

- 哪些成本最高？有没有可能降低这些成本？

企业的收益起码要足够支付你的工资，给自己定的工资报酬应该和你投入企业生产经营的时间、你的能力和所担负的责任相称，它等于你雇别人来做你的工作时需要支付的

工资。除了你的工资之外，你的投资还应带来利润回报。

3．你是否有足够的资金来办企业

你的现金流量计划显示了企业现金收入和支出的动态。你要有足够的现金去支付到期的账单。虽然企业有销售收入，但如果周转资金不足，企业也会倒闭。

如果你的现金流量表显示某个月份里现金短缺，你要采取措施：

- 减少赊销额，加快现金回笼。
- 采购便宜的替代品或原料，减少材料消耗来降低当月的成本。
- 要求供货商延长你的付款期限。
- 减少电话费、电费等的开支。
- 要求银行延长贷款期，或降低每月偿还的本息。
- 推迟添置新设备。
- 租用或贷款购买设备。

做练习 44

衡量你创办企业的准备程度。

4．请人帮你审核你的创业计划

有很多机构和专家可以帮你准备和审核创业计划，例如：

- 政府有关部门。
- 对你的业务领域和企业类型有经验的咨询顾问。
- 会计师、银行家、律师等专业人士。
- 一些协会的代表。
- 工商管理院校和培训机构的人士。

你的创业计划是一份很重要的文件，它为你提供一个在纸面上而不是在现实中测试你所构思的企业项目的机会。如果创业计划表明你的构思不好，你就要放弃它，这样就能避免时间、金钱和精力的浪费。所以，先做出一份创业计划很有必要，此间，应向尽可能多的人征求意见。

你要反复审读创业计划的内容，直到满意为止。创业计划是要交给一些关键人物看的，如潜在的投资者、合伙人或贷款机构，你得仔细斟酌，以便准确地向他们传递他们所需要的信息。

创业小贴士

创业活动充满风险，你要做好足够的心理准备，要仔细编写和审视你的创业计划。

小　　结

一份创业计划汇总了一个创业者所需要的全部信息，它是一份非常重要的文件，使你的企业构思在变为现实之前有了一次纸上测试的机会。

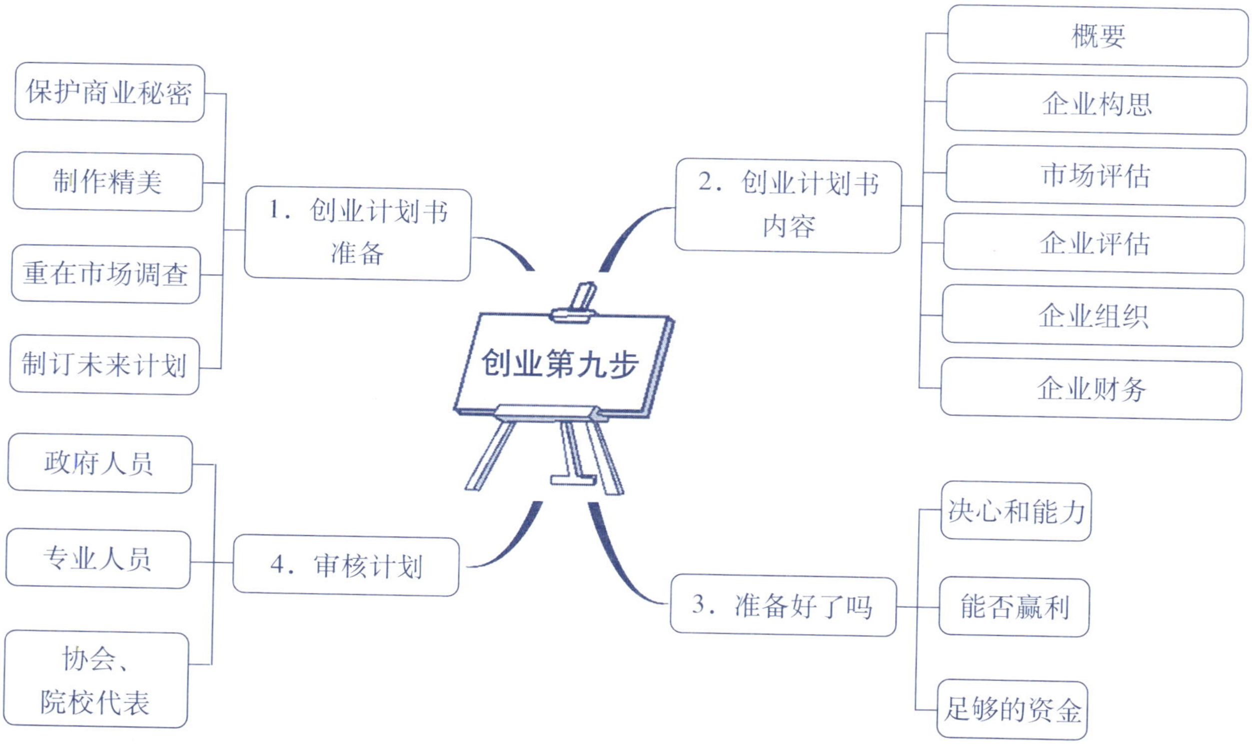

第十步　如何开办你的企业？

学习目标：

- **了解企业日常管理活动。**
- **明确创业后如何提升企业管理的技能和能力。**

创业容易守业难，企业一旦运转起来，你每天的工作就会非常繁重。在这一步里，你要了解一个优秀的企业主怎样处理好日常的企业管理工作。然而，如何管好一家企业远比书本上说的要复杂得多。一个好的企业主每天都要学习新东西。

一、了解企业的日常管理活动

由于企业的类型不同，它们的日常业务活动也有差异。例如：

- 零售批发企业的日常工作主要是销售、采购存货、记账和管好店员。
- 服务行业的日常工作是招揽生意，完成服务任务，以及管理员工，使他们的工作保质保量、有成效。除此之外，你还要采购材料，控制成本和新业务定价。
- 制造企业的日常业务要复杂得多，你要接订单，核实自己的生产能力，安排车间生产。这意味着你要购进原材料，调配好工厂的设备，监控工人的工作质量，控制成本，销售产品等。

不论企业属于哪种类型，以下工作都是必不可少的：

- 营销管理。
- 生产管理。
- 财务管理。
- 人力资源管理。
- 制订企业未来的计划。

1．营销管理

大多数企业本来可以卖出更多的产品，但他们却没有了解到这一点，其中许多企业并不知道为什么会这样。由于技术飞速发展，市场不断扩大、竞争不断加剧、环境不断变化，现在企业处于一个全新的、动态变化的环境里，面对着更加挑剔、更加成熟、需求更加分散和多样化的顾客群体，市场营销逐渐成为企业的一项核心工作，成为企业获取和保持竞争优势的重要途径。企业的经营者要尽可能多地去了解顾客，了解他们想要什么，他们的需求发生了什么变化。这是市场营销工作的起点。

不断提高和改进你的服务质量，才会使顾客满意。满意的顾客可以成为你的回头客，他们会从你的企业购买更多的产品，他们会将你的企业和产品告诉他们的朋友和周围的人。满意的顾客越多，意味着企业的销售量越大，企业的利润也就越大。

创业小贴士

如果没有顾客，任何企业都无法生存下来。如果没有顾客持续的满意，企业也就难以长期发展。

2. 生产管理

生产管理是通过对各种生产要素和生产过程的不同阶段、环节、工序的合理安排，使其在时间上、空间上形成一个协调的系统，使产品或服务在运行距离最短、花费时间最省、成本最小的情况下，按照市场需求的品种、质量、成本、交货时间生产出来。企业经营者通常要作以下决策：

- 采购管理：采购什么、到哪儿采购、何时采购、如何采购、采购多少、采购质量。
- 存货管理：存什么货、存多少货、如何存货。
- 生产过程管理：生产什么、何处生产、何时生产、如何生产、生产数量、生产质量。

创业小贴士

生产管理工作的目的就是合理组织你的企业，为顾客提供保质保量的产品。

3. 财务管理

资金是企业进行生产经营的基本要素，对企业的生存和发展具有举足轻重的作用。企业在生产经营的过程中，不断发生资金的流入和流出，与有关方面发生资金的往来和借贷关系。企业经营者经常要作出如下决策：

- 成本管理：控制成本、制定价格、财务记录。
- 记账管理：记哪些账、怎么记账。
- 筹资管理：确定筹资方式、制订筹资计划。
- 投资管理：怎么扩大经营规模和范围、控制和识别风险。

4．人力资源管理

第一，要树立团队意识，因为大多数员工喜欢集体配合工作。如果任务下达到团队，一旦完成，每个成员都会受到鼓舞。这种方法的主要好处在于：

- 提高员工的工作积极性。他们能体会到集体的成绩里有他们自己的一份贡献。
- 提高工作质量标准。团队成员共同配合解决质量问题。
- 提高生产效率。集体工作比单干更能使员工各展其长。

第二，重视培训员工，这是企业成功的重要因素。虽然组织培训要花钱，但好处却很多：

- 员工能学到新的、更有效的工作方法。
- 员工能觉得你关心他们，满意他们的工作。

第三，重视员工的安全。如果员工离去，你还得招聘和培训新人，所以要保护你的员工，防止他们发生工伤事故。作为企业主，你要对由于安全措施不够引起的伤残和疾病负责任。安全措施不只意味着避免工伤事故，还包括改善工作条件，如降低噪声、提高照明度、消除有害液体和气体等。

国家规定了职业安全与卫生的最低要求，如果企业违规，不仅会给别人带来伤残的痛苦，而且还要承担发放抚恤金的负担。关心员工的安全，不仅有利于提高员工的积极性和保障员工健康，还会降低你的企业费用。

创业小贴士

企业的成功是由所有员工的整体业绩带来的。如果员工的技能不足、积极性不高、配合不当，即便你有一个好的企业构思，最终也无法成功。所以，要非常重视对员工的培训和激励。

5．制订企业未来的计划

企业未来的计划是企业发展的指南针，企业主应该把精力放在制订企业未来的计划上，协调人力、物力、财力等各类资源，才能带领创业团队向着共同的目标前进。

创业小贴士

制订未来行动计划、组织和协调计划的实施、监督计划的执行是企业主的重要职责。

二、制订开办企业的行动计划

现在你已经决定要开办企业，但还停留在纸面上。在和顾客实际打交道之前还有很多工作要做。做这些事要有章法，按部就班。所以，你要制订一份行动计划，规定清楚有哪些工作要做，由谁来做，以及什么时候完成。

把要做的事情列一份清单，例如：

- 选择合适的营业地点。
- 筹集并落实启动资金。
- 办理企业登记注册手续。
- 接通水电、电话。
- 购买或租用机器设备。
- 购买存货。
- 招聘员工。
- 办保险。
- 宣传你的企业。

你要落实的事情很多，所以尽量不要浪费时间，行动计划是能帮助你安排任务的最简单、有效的方法。计划要做得严谨，以免有遗漏事项。

三个“斑竹”的创业故事（三十四）：心动不如行动

张华他们觉得该思考的问题差不多了，对这个项目的把握性挺大。张华提议庆祝一下。但孙梅认为还没到庆祝的时候，心动不如行动，应该立即着手分工，分头去落实创业前期的事情。于是，他们拟订了一份行动计划，由张华负责督促行动计划的执行。

需要采取的行动	由谁来做	时间安排
到校有关部门办理相关证明材料并取得他们的支持	张华	1月18—20日
与当地城市银行接触并取得他们的支持	张华	1月20—30日
选择合适的营业地点	王剑	1月20日—2月23日
与选定的供应商就购买机器设备、原材料、厂房装修等事项进行价格、服务、付款方式的谈判并签订合同	王剑	1月23—30日
宣传自己的企业	孙梅	1月18日—2月1日
办理企业登记注册手续	孙梅	2月1—5日

做练习 45

准备一份开办企业的行动计划。

三、下一步做什么

《创办你的企业》培训课程为你开办企业奠定了坚实的基础，但要经营好一家企业，你还要不断提高自己的管理能力。经营企业的课题更复杂，要学的东西更多。要想成功，你必须不断学习，改善经营。随着你的经营管理能力不断提高，你的企业也就更具有成功和赢利的希望。

我国人力资源和社会保障部与国际劳工组织设立的《改善你的企业》培训课程，能为你提供企业创办后的更多信息。《改善你的企业》培训帮助创办企业时间不长，但通过企业的日常经营已经有了一些企业管理体验，迫切需要了解企业管理的系统知识，并希望建立基本企业管理体系的小企业家。《改善你的企业》培训课程由7本独立的培训册组成，即《市场营销》《成本核算》《采购》《存货管理》《记账》《企业计划》《人与生产力》，每本培训册围绕一个企业管理专题提供相关知识和练习。培训可以帮助你开发和实施市场营销计划，计算并控制企业的产品或服务成本，有效控制企业的投入和采购，管理企业存货，建立基本的记账体系，制订并实施企业改善计划，调动员工积极性，提高生产力。《改善你的企业》最终帮助你系统地建立基本企业管理体系，提高你经营管理企业的能力与水平，改善企业并提高企业的赢利与竞争力。

《改善你的企业》各培训册的主要内容：

- 《市场营销》：了解你的顾客，满足你的顾客，提高销售技巧等。
- 《成本核算》：了解成本，制造商和服务商的成本核算，零售商和批发商的成本核算等。
- 《采购》：什么是采购，采购管理的八个步骤，为企业挑选最好的供应商等。
- 《存货管理》：好的存货管理的指标，维护存货记录，存货盘点的步骤等。
- 《记账》：怎样建立一个简单的记账系统、利用记账系统分析并改善你的企业等。
- 《企业计划》：怎样建立和利用销售和成本计划、现金流量计划改善你的企业等。
- 《人与生产力》：人与生产力的关系，人如何影响生产力，合适的员工，激励员工提高生产力，安全高效的工作场所，问题员工，企业关系与生产力等。

目前，人力资源和社会保障部最新推出了“成功创业”综合服务模式，这个模式是全国创业培训工作指导委员会创业实训项目专家办公室和全球模拟公司联合体中国中心经过两年多的时间，在总结全国创业培训、模拟实训和后续服务经验的基础上，综合专家、培训师、学员和地方主管部门的意见后提出的一种新型的促进创业带动就业的综合服务模式。这种模式以有利于创业的各种资源的有效整合为“支点”，以有资质的各种创业服务机构为杠杆，撬动以较高的开业成功率为标志的创业促进就业工作新局面。“成功创业”综合服务模式的核心是“个性化、模拟化、师徒化和合股化”（又称“4S 创业服务”）。

- **创业培训“个性化”**：学员的知识结构、个人能力和创业资源各不相同，很难用一种课程有效地进行创业培训，所以“个性化”便成为提高培训质量的“瓶颈”。“4S 创业服务”通过模拟公司实训发现问题，有针对性地传授理论知识和实操要领，有计划地配套创业资源，促成学员下定决心创办自己的事业。其具体流程为：应聘—测评—竞标—集训—助教。
- **创业经营“模拟化”**：创业是一个极为复杂的“实操”过程，很难用一种职业培养或者技能培训的办法完成，所以“模拟化”便成为提高创业成功率的解决方案。“4S 创业服务”通过模拟公司的经营活动，有针对性地开展了学员自主经营的业务，有计划地完成了创业筹备工作，提升了学员开创自己事业的信心。其具体流程为：比对—模拟—研讨—谈判—定型。
- **创业孵化“师徒化”**：创业者在创业初期的创业资源十分有限，很难用一种机制确保创业活动顺利进行，所以“师徒化”便成为提高初创企业存活率的一种“捷径”。“4S 创业服务”通过有效整合社会各界资源，有针对性地引导学员的创业活动，有计划地实施新老企业间的业务协作，提高了开业成功率和经营稳定率。其具体流程为：

选项—规划—配对—重组—成型。

- **创业项目“合股化”**：企业发展具有一定的生命周期，很难用一种经营模式或者资源确保企业持续发展，所以“合股化”便成为提高企业竞争能力、降低经营风险的必然趋势。“4S 创业服务”通过统筹整个行业资源和政府的优惠政策，有针对性地提供创业启动资金，有计划地推动企业的经营活动，利用市场机制促进初创企业的发展。其具体流程为：发标—并购—协作—创新—联盟。

“成功创业 4S 综合服务模式”是一项将所有创业资源整合在一起的系统工程，对于提升开业成功率、提高经营稳定率和带动就业率有着积极的作用。与此同时，它还可以极大地降低政府对创业扶持的资金投入，有效地发挥各类资本的作用，对于大中专院校的职业教育有着极为现实的作用。

如果你感兴趣并想了解更多的信息，可以与人力资源和社会保障部全国创业培训工作指导委员会创业实训专家办公室联系。

练习 1　看看你适合创办哪类企业

- 几种企业类型里，你更熟悉哪一类？
- 你拥有创办哪类企业的资源？
- 你愿意和很多人工作，还是更喜欢自己独立工作？
- 你擅长动手的工作，还是更喜欢与人打交道的工作？
- 你喜欢在户外工作，还是坐在办公室工作？

考虑上述问题，然后选择你喜欢的企业类型并在相应的□里画“√”。

□贸易业

□制造业

□服务业

□农、林、牧、渔业

现在写下你选择这种企业类型的原因：

记住：你可以随时返回来，重新思考这个选择并作出不同的决定。

练习 2　创业者如何应对企业出现的风险

周伟的广告设计公司

周伟是学平面设计的，大学毕业后，一直想办一家广告设计公司，做平面设计、印刷。他所在的社区周围有很多政府机构、商户、公司，有很多业务需求。他和母亲住在一起，母亲非常支持他创办企业，她让周伟用家里的房子作抵押向银行申请了贷款。

周伟得到贷款后立即着手准备。他在社区附近租了办公用房，买了计算机、现代化的印刷设备，又买了小轿车，还在轿车上涂了公司的标志。周伟告诉母亲，精良的设备能帮助公司树立良好的形象，也有助于吸引更多的客户。

周伟马上投入到了繁忙的工作中。广告业务的需求量很大，他夜以继日地工作。为了招揽更多的业务，他还采取了一些赊销手段。不幸的是，几个月后，周伟用于付款的现金严重不足，怎么也无法按期支付对银行的欠款。于是银行中止了贷款，并要求偿还所有债务，周伟不得不宣布公司破产。银行开始拍卖他的资产来偿还其债务，首先拍卖的是车和大的印刷设备，但仍然有大量的债务不能偿还。看样子，周伟的母亲有可能失去家里的房产。

问题：

1．周伟的公司为什么会倒闭？

2．周伟应当怎么做？

练习 3　你有多少资金创办企业

项目	金额（元）
收入（存款、贷款、其他收入）	
现有资金	
办企业之前其他收入	
总收入（A）	
支出（今后________个月）	
伙食费	
房租	
偿还贷款	
交通费	
学习费用	
总支出（B）	
可用于创业的资金（A－B）	

练习 4　积极增强自己的创业能力

1．学习百折不挠的创业精神

（1）到当地拜访 1～2 名成功企业家。

（2）仔细记录企业家的信息和企业情况。

（3）整理收集到的信息并填写以下表格：

<table>
<tr><td>企业家简历</td><td></td></tr>
<tr><td>企业家创业过程中的重要经历</td><td>我的思考</td></tr>
<tr><td rowspan="2">（1）</td><td></td></tr>
<tr><td></td></tr>
<tr><td rowspan="2">（2）</td><td></td></tr>
<tr><td></td></tr>
<tr><td rowspan="2">（3）</td><td></td></tr>
<tr><td></td></tr>
<tr><td>企业家的精神和优点（我应该学习和改进的地方）</td><td></td></tr>
<tr><td rowspan="2">（4）</td><td></td></tr>
<tr><td></td></tr>
<tr><td rowspan="2">（5）</td><td></td></tr>
<tr><td></td></tr>
<tr><td rowspan="2">（6）</td><td></td></tr>
<tr><td></td></tr>
</table>

2．认真审视自己的创业能力

（1）要实事求是地填写此表。

（2）在左边一栏列出你认为自己在个人素质和技术能力方面的弱点。

（3）在右边一栏说明你克服这些弱点的办法。

我的弱点	我如何在这方面提高
(1)	
(2)	
(3)	
(4)	
(5)	
(6)	

练习 5　理解好的企业想法的重要性

沈芳的奶茶店

大学生沈芳对奶茶情有独钟，一直想在学校旁边开一家奶茶店。其实，她就读的学校旁边已经有一家奶茶店，收益一直非常好。她认为凭着自己的聪明才干，和与同学的关系，自己也开一家奶茶店会效益更好。于是，她把这一想法告诉了家人、朋友和同学，尽管有人反对，但她还是决定开业当老板。她在学校旁租了一间门面房，找朋友帮她做了装修，并购买了相应的设备。沈芳有些积蓄，加上家人的支持，足够进货。她在申请到营业执照之后，就开业了。可刚一开业，就遇到了问题。来她店里的学生抱怨奶茶的口味不及邻店的好，营业时间也没有邻店的长，价格也偏高。与此同时，朋友告诉她，邻居的店铺现在的经营状况也不怎么好。

问题：

1．沈芳的奶茶店为什么会出现问题？

2．在这种情况下，沈芳还能做些什么？

练习 6　完成头脑风暴练习并写下可能的企业想法

1. 从任意一个词语开始，写下跳入你脑海的所有想法，一直写下去，直到你再也想不出任何想法为止。

2. 现在返回去，看一看你写下的这些有关企业想法的词语。想一想，其中有些企业想法是否是自己可以去做的？

3. 即使你没有发现自己喜欢的企业想法，这项练习对于帮助你打开思路并用新的方法思考问题仍然是很有用的。现在挑选另一个词，并在另一张纸上写下与该词有关的所有产品。你越是经常使用头脑风暴法，就越能更好地掌握它的用法。

练习 7　尝试做一些结构性头脑风暴练习

1. 选择一个自己比较了解的产品，既可以是你从培训中学到的东西，也可以是你经历过或有兴趣的东西，还可以是已经考虑好的关于自己企业的想法，或者是你与本地区成功企业主交谈时了解到的一种产品。

2. 使用下面的图形，在中间的方框里写出你选择的产品以及有关的企业领域。

3. 在下面的图形中，按销售线、制造线、副产品线和服务线使用头脑风暴法产生企业想法。

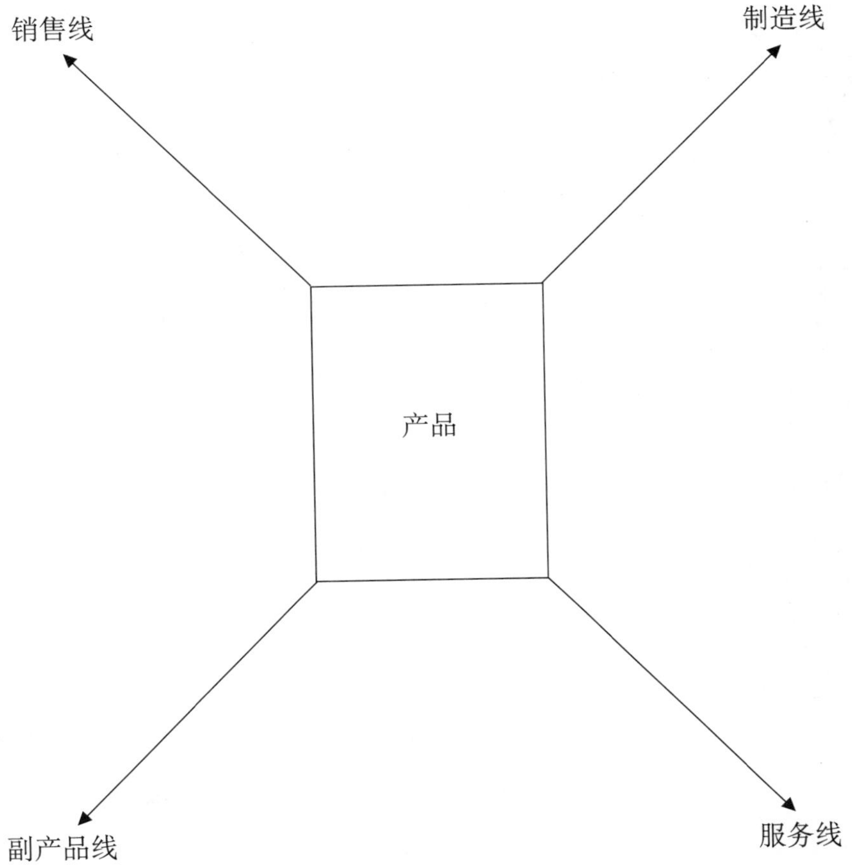

这个练习你做多少次都行，每次换一张带结构性头脑风暴图形的新纸来做，每次都可以从不同的产品开始。

练习 8　调查你准备创业地区的企业情况，产生你的企业想法

针对你想创办企业的地区，按照以下步骤收集现有企业的信息，以及可能创办的新企业的信息。

1. 在你想要创办企业的地区走一走，用以下表格记录不同类型的企业，统计每种类型的企业有多少家。例如，数一数报摊、杂货店、加油站、银行、房地产商、写字楼、复印店、餐厅、酒店的数量。

我准备创业地区的企业一览表

贸易企业	服务企业	制造企业	农林牧渔业企业

2．研究这张现有企业一览表，尽力找出以下问题的答案：

- 哪些企业多？哪些企业少？你能分析出为什么吗？
- 针对当地市场和你想要创办企业的地区居民消费方式，你的一览表给你提供了什么信息？至少写出5个你对当地市场的评价。

3．潜在企业还有发展的余地吗？你认为你还有创业机会吗？

在以下空格中写出你想要创办企业的地区尚不存在的企业。

我准备创业地区的企业一览表

贸易企业	服务企业	制造企业	农林牧渔业企业

4．把这张一览表放在一旁，第二天再看看。你可以请朋友或家人一起，集思广益，看看这张一览表上还有哪些企业可能没有列出？你想要创业地区的居民还需要哪些其他类型的企业？

练习 9　调查你所处的环境，产生更多可能的企业想法

周围环境	企业想法
1．自然资源	
2．机构	
3．工业	
4．出版物	
5．商品展销会	

练习 10　利用各种问题，产生更多可能的企业想法

问题	企业想法
1．你自己遇到过的问题	
2．工作中的问题	
3．其他人遇到过的问题	
4．你所在的社区缺少什么	

练习 11　登录互联网，到网上查询相关企业信息

类别	网站	企业想法
求购信息		
出售信息		

练习 12　我的企业想法一览表

将练习 6 至练习 11 中所产生的想法汇入企业想法一览表：

我的企业想法一览表

企业想法	解释

练习 13　筛选你的企业想法

按以下步骤筛选练习 12 中你自己的企业想法一览表：

1．看一遍你的企业想法一览表并划掉你不再感兴趣的想法。

2．慢慢地看一遍剩下的想法。按照第 33 页上的每一个问题逐个分析你的想法，将这些想法的积极和消极方面写在下面空格内（页面不够，可以自己添加）。

我的企业想法一览表

企业想法	解释

3．认真思考你做的记录并确定哪些企业想法看起来最适合你。在这些想法旁边画“√”。

4．选择你愿意进一步分析的三个最佳或最喜欢的想法，把这些想法写在下面：

____

____

____

____

____

____

记住，如果你发现你选择的这三个想法有问题，你随时可以返回来再做一遍这个练习。

练习 14　通过实地调研来分析你的企业想法

你已经从企业想法一览表中筛选出了三个想法，从你最喜欢的一个创业想法开始，搜集这类企业的信息，越多越好。制订获取信息的计划并写在下面：

企业想法：______________________________

1．我需要查明哪些情况：

____

____

____

____

____

2．我要与谁交谈：

____

____

____

____

3．我要问哪些问题：

____

____

____

____

____

____

____

____

去搜集这些信息，然后为第二个企业想法制订另一份计划。在完成第二个企业想法后，接着做第三个。当你有了一些经验之后，这项工作做得就快了。

在你搜集了所有的信息并做练习 15 的 SWOT 分析时，你将看出三个想法当中哪一个最好。

练习 15 为你选择的企业想法做 SWOT 分析

现在为你选择的三个企业想法都做 SWOT 分析。

1．利用下一页的 SWOT 分析表进行分析，同时为其余两个想法制作两张相同的表。

2．在第一张 SWOT 分析表上写下你的三个企业想法中的第一个想法，认真考虑该企业内部的优势和劣势。这些优势和劣势可能是个性、资金问题，也可能是与产品有关的营销问题，还可能是企业地点、价格或促销以及销售方面的问题。把这些问题都写下来。

3．考虑这个企业的外部环境。在你的企业环境中，哪些是企业的机会，哪些是风险？在实地调研中，与你交谈的“关键信息提供者”也许已经向你指出了这些东西。把这些机会和风险都记下来。

4．看一看你已经写了哪些内容，在你认为很重要并且会对企业产生很大影响的内容上用 “*”作标记。

5．现在数一下这些“*”数量，回答 SWOT 分析表上的问题。

6．问你自己：

我能够克服这家企业的劣势并避免风险吗？

我能够继续加强这家企业的优势并增加机会吗？

7．考虑你将如何克服创办这家企业可能存在的劣势，在SWOT分析表上写出你的决定。

8．现在用第二张SWOT分析表为你的第二个创业想法作出分析，重复上述第2～7步，依此类推，用第三张 SWOT 分析表对你的第三个创业想法作出分析。

9．当你完成了三个企业想法的 SWOT 分析后，认真比较这些分析结果，选择一个优势和机会更多，以及你认为最适合创办且创办后最可能成功的企业。

SWOT 分析

企业想法：________________________________

企业内部

优势	劣势
合计　　　　　个	合计　　　　　个

企业外部

机会	威胁
合计　　　　　个	合计　　　　　个

优势比劣势多吗？　　是□　　不是□

优势的星号（*）比劣势的多吗？　　是□　　不是□

机会比威胁多吗？　　是□　　不是□

机会的星号（*）比威胁的多吗？　　是□　　不是□

我将如何应对劣势和威胁？

____
____
____
____
____
____
____
____
____

练习 16　明确你的企业构想

1．企业名称：________________

2．企业类型（请在前面的□内画“√”）：

□商业　　□制造业

□服务业　　□农、林、牧、渔业

□其他（如有，请说明）

____

____

3．企业将销售的产品或服务：

____

____

____

____

____

4．企业的服务对象：

____

____

____

____

____

5．企业将解决并满足顾客的下列需求：

____

____

____

____

____

____

____

练习 17　确定你的顾客

顾客特征	情况
谁将成为你的顾客（一般性描述）	
年龄	
性别	
地点（他们住在哪里）	
工资水平（具体数字）	
他们什么时候将购买你的产品或服务（每日、每周、每季度、每年一次）	
他们愿意出多少钱购买你的产品或服务	
他们的购买量有多大	
未来的市场规模和趋势（未来顾客的数量会增加、减少或保持不变）	

练习 18　确定你的竞争对手并作出优势分析

我和竞争对手 比较的内容 项　目	我的产品或服务	竞争者甲的产品或服务 姓名：________ 地址：________ 电话：________	竞争者乙的产品或服务 姓名：________ 地址：________ 电话：________	竞争者丙的产品或服务 姓名：________ 地址：________ 电话：________
价格合理性				
质量可靠性				
购买方便性				
顾客满意度				
员工技术水平				
企业知名度				
品牌信誉度				
广告有效性				
交货及时性				
地理位置优越性				
特别销售策略有效性（如赊销、折扣）				
售后服务				
设备				
销售额				

我的产品或服务很特别，特征如下：

我的产品或服务与竞争对手相比的主要优势体现在：

与竞争者甲比：

与竞争者乙比：

与竞争者丙比：

练习 19　准备你的市场营销计划——产品

1. 在下表的顶端列举你的企业将出售的所有产品或服务。如果你的产品或服务超过5项，请自行增加列数。

2. 在表的第一列中填写产品或服务的特征，并完成本表格的相应内容。你需要考虑产品的不同特征，如质量、颜色、规格、包装、维修，以及服务的态度、效率、质量、安全等。

产品或服务 / 内容 / 特征	(1)	(2)	(3)	(4)	(5)
质量					

练习 20　准备你的市场营销计划——价格

1．在下表的顶端列出你的企业将出售的所有产品或服务。如果产品或服务超过5项，请自行增加列数。

2．在表的第一列中补充未列入的你的企业的特征，并完成表格。

3．在此，你应该先预测你的成本，以后你将学习如何准确地计算成本。

产品或服务 内容 特征	(1)	(2)	(3)	(4)	(5)
竞争者的平均价格					
我的预测成本					
如此定价的理由					
产品价格手册					
给谁折扣					
向谁赊销					

练习 21　准备你的市场营销计划——地点

1．企业将设在什么地方？

2．选择这个地点的原因：

3．销售方式（选一项并在该项前面的□内画“√”）：

我将把产品或服务销售或提供给：□最终消费者　□零售商　□批发商

4．选择这种销售方式的原因：

练习 22 准备你的市场营销计划——促销

促销是一项与顾客沟通并吸引顾客来购买你的产品的活动。促销有多种方式。促销需要花钱，请向新闻界、广告商、印刷厂和商界人士了解有关促销费用的信息。你要研究你未来的竞争者，看看他们用哪些方式促销。这样你就可以选择一种适合你的企业的促销方式。

什么时候促销，怎样促销	费用（元）

练习 23　制订你的营销计划

我的营销实战计划表

步骤	目标任务	具体工作	执行人	费用(元)	时间（周）													
1																		
2																		
3																		
4																		
5																		
6																		
7																		
8																		
9																		
10																		
11																		
12																		
13																		
14																		
15																		
16																		

练习 24　学习更多的销售预测知识

陈立华决定创办一家制作安全钢门的企业。他对该行业进行了了解，知道当地同类企业很多。他与城西两家小企业的店主谈了谈，获得了以下信息：

- 竞争者甲（王老板）每个月出售 20 扇钢门，竞争者乙（张老板）每个月出售 12 扇钢门。
- 王老板开业时间不长，他的钢门质量不太好。
- 张老板技术很强，但不知为什么，他的钢门销量三年来没有增长。
- 钢门的市场需求正在稳步增加，在以后的 12 个月有可能按每月 10% 的速度增长。

陈立华准备按竞争者甲（王老板）和竞争者乙（张老板）的平均价格销售钢门。虽然他是当地最好的焊工之一，但是他知道，至少需要 3 个月时间他的企业才可能创出品牌。

请你为陈立华的企业做一项 6～11 个月的销售预测。

练习 25　预测你的销售

1．多数人因为过高预测自己的销售前景而遭受挫折，所以，你不要将销售量预测过高。通常有 4 种预测方法可供选择：

- 进行抽样调查。
- 实地测试顾客对产品的反映。
- 分析销前调查信函或顾客购买意向书。
- 与同类企业作比较。

2．你应该设计一张表来记录获取的销售信息。把你的预测结果填在表中，表的格式如下：

预测方法 / 预测结果 / 产品或服务	抽样调查	实地测试	销前信函或意向书	与同类企业比较
(1)				
(2)				
(3)				
(4)				
(5)				
(6)				
(7)				
(8)				
(9)				
(10)				

如必要，请加页。

练习 26　预测你的销售量

为了预测销售量，我做了下列调查研究工作，而且所有数据都真实可靠：

(1)

(2)

(3)

月份 / 销量 / 产品或服务												

如必要，请加页。

练习 27　校园营销实践活动

学员自由组合，形成几个小组，利用课余时间到大学校园内销售一些产品（如各组可采购100元的文具、小礼品等，然后在校园中销售），看看哪个组在规定的时间里售出产品最多。各组回到教室中汇报在营销实践活动中关于市场营销的体验。

在活动中请注意安全和环境的要求！

练习 28 设计你的企业组织结构图

请画出你的企业的组织结构图并说明：

1．每个岗位的具体职责。

2．每个岗位需要的人数。

3．部门之间的层级、隶属关系。

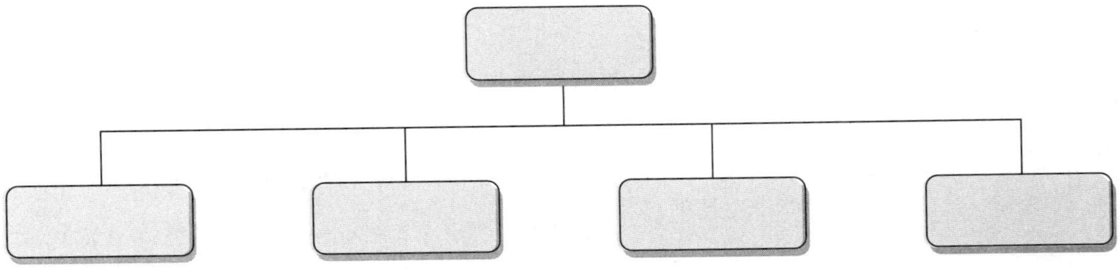

练习 29　你的企业需要的员工

1. 看一看第一栏中列出的工作内容，这些是所有企业通常都必须做的工作，在这一栏中加上你的企业生产产品或提供服务所必须做的其他工作。

2. 在第二栏中填写完成这些工作需要的技能、经验和其他要求。

3. 对所有这些工作，你要确定你有没有时间和必需的技能、经验去完成。

4. 如果你没有时间或技能，就应该雇人来完成这些工作。

工作内容	完成这项工作需要的技能、经验和其他要求	你（企业主）有没有时间和技能、经验做这项工作		需要的雇员数	预期的雇员工资额
		有	没有		
办公室综合管理					
记账算账					
市场营销和促销					
企业成本管理					
制定价格					
购买产品、原材料、服务等					
监督生产					
其他工作（详细说明）					

练习 30　选择你开办企业的法律形态

1．你的企业的法律形态是什么？

2．选择这种企业法律形态的原因是什么？

3．企业主（或合伙人）

姓名	技能名称

4．登记注册

机构	时间	费用

5．合伙协议（如果是合伙企业，请填此项，填协议前参看合伙企业法）

协议内容 合伙人 条　款				
出资方式				
出资数额与期限				
利润数额与亏损分摊				
经营分工、权限和责任				
合伙人个人应负的责任				
协议变更和终止				
其他条款				

练习 31　确定你的企业的法律责任和保险需要

开办企业最重要的一点是要知道自己的责任。借助咨询和查阅有关法律文件，填写下表：

法律责任		选择或填写	详细内容
税务	增值税		
	营业税		
	企业所得税		
	个人所得税		
	其他税目		
雇员	最低工资		
	工作时间		
	节、假日		
	劳动保护		
证照	营业执照		
	许可证		
保险	财产		
	意外损伤		
	医疗		
	其他保险		
合同	供应、销售商		
	用工		
	股东（合伙人）		
客户	质量保证		
	交货期		
	售后服务		
环境	废气污染		
	废水污染		
	废物污染		

练习 32　分析你的企业的工作条件

这张表能帮助你有效地检查你新办的企业在工作条件方面的问题。表中各项是你的企业可能需要的工作条件，其中多数条件很简单，很容易实现。

看一看这些项目，然后决定哪些是你的新企业需要的。

项目		该项目在你的企业中是否重要	
		是	否
材料储存和管理	有地方储存不常用的材料吗？		
	有存放工具、原材料、零件和产品的货架吗？		
	为了便于移动，是否考虑给备品柜、货架、工作台安装轮子？		
	移动沉重货物时，用手推车、移动货架、吊车、传送机或其他机械设备吗？		
工位	开关、控制阀和材料是否放在人便于操作的地方？		
	是否用电梯、起重机或其他机械措施减轻工人的负担？		
	每个工位是否设置了稳定的工作台？		
	工作中使用钻模、夹钳、老虎钳或其他装置固定加工件吗？		
	是否调整设备、控制器或台面的高度以避免弯腰或手伸得很高？		
	是否改变工作方法使工人在工作中可以调换站姿或坐姿？		
	椅靠背是否坚固？高度是否合适？		
	机器和电力传送设备的危险部位是否有合适的防护装置？		
	是否有安全警示的标志和装置，以防工人的手在机器运转时受伤？		
	是否用机械装置给机械填材，避免发生工伤事故，同时增加产量？		
	是否确信设备维护良好，没有损坏或不固定的部分？		
控制有害物质	是否用危害性小的洗涤用品（如洗涤剂和肥皂）来代替有危害性的化学品（如有机溶剂）？		
	你保证所有的有机溶剂、漆、胶水都存放在有盖的密封容器中吗？		
	有无排气通风设备？		
	你是否要求接触危险品的工人在吃饭或喝水前用肥皂洗手，在回家之前洗澡或换衣服？		
	是否为工人提供适量和适当的保护目镜、面部护罩、防护面具、耳塞、安全鞋、头盔或手套？		
	是否指导和培训工人正确地使用和维护劳动防护用品，并定期监督其使用？		

续表

项目		该项在你的企业中是否重要	
		是	否
光线	是否保持天窗和窗户干净?		
	天花板和墙壁是否刷成白色或浅色，并保持干净?		
	工作需要时，是否提供人工照明，包括增加照明、安装反射镜或改变现有灯光的位置?		
	为避免工人精神涣散和眼疲劳,是否通过遮光或改变灯的位置来减少强光的刺激,是否用漫发射或调整工人工位来避免直接面对窗户或其他光源?		
	对精密度高的工作，是否提供局部光照或可调节灯光?		
	是否维护灯光设备清洁并定期更换灯泡?		
福利设施	是否在所有的工作场合提供安全的饮用水?		
	工作场所附近是否提供方便、干净的卫生间？有无肥皂？有独立的男、女卫生间吗?		
	是否提供独立、舒适、卫生的用餐环境?		
	是否提供存放衣物、自行车或其他个人物品的地方?		
	是否提供急救设备，并培训一名合格的急救人员?		
房屋设施	是否给金属墙壁和房顶安装绝缘材料来改善建筑的防热、防冻系统?		
	是否开辟更多的顶窗、壁窗或门道以增强自然通风?		
	是否把热源、噪声源和烟源进行隔离?		
	是否在方便的地方放置足够的灭火器,并保证工人会使用灭火器?		
	是否在每层楼或大房间安排（至少）两个无障碍通道?		
	是否保留安全过道，并做记号，保持过道畅通无阻?		
	是否清除破损、混乱的电线连接处?		
工作组织	为了提高工人的注意力，防止疲劳，是否经常变换工人的工作，提供改变操作姿势的机会，或提供短暂的休息，使工人之间能交谈，或播放音乐?		

与你的企业经营活动关系密切的工作条件如下：

材料储存和管理	
工位	
控制有害物质	
光线	
福利设施	
房屋设施	
工作组织	

练习 33　学习更多有关企业启动资金的知识

1. 调查校园内的一家企业有哪些固定资产、流动资金？这家企业在购买固定资产和使用流动资金上有哪些需要改进的？（可分小组进行）

2. 陈立华技校电焊专业毕业后在省城创业，开办一家钢门生产企业。需要买一部电焊机 3250 元，一个手电钻 250 元，一台切割机 450 元，一个氧气瓶 800 元，一个乙炔瓶 1000 元，以及约 3000 元的电缆和手动工具。他还需要租一个店铺，大约每月花 700 元。他预计的费用如下：

- 电焊工每月工资 1200 元，助手每月工资 500 元。
- 一个月全日制工作，他们可以制造 15 扇钢门。
- 一扇钢门的材料成本是 900 元，氧气瓶和乙炔瓶灌气费共 100 元，可焊 5 扇门。
- 企业的其他费用为：

保险	25 元 / 月
电费	350 元 / 月
电话费	100 元 / 月
登记注册费	50 元
办公费用	600 元 / 月
广告费	100 元 / 月
设备折旧	146 元 / 月
维护费	60 元 / 月

陈立华的工资（他将担任销售员和经理）1500 元 / 月

请你计算一下陈立华开办企业需要多少钱？

练习 34　你的企业的启动资金

固定资产

1．工具和设备

根据销售预测和计划生产能力，企业需要以下工具和设备：

名　称	数　量	单　价	总费用（元）

供应商名称	地　址	电话或传真

2．交通工具

根据运输和营销需求，企业需要以下交通工具：

名　称	数　量	单　价	总费用（元）

供应商名称	地　址	电话或传真

3．办公家具和设备

企业办公室需要以下家具和设备：

名　称	数　量	单　价	总费用（元）

供应商名称	地　址	电话或传真

4．固定资产概要

项　目	价值（元）
工具和设备	
交通工具	
办公家具和设备	
店铺	
厂房	
土地	
合计	

流动资金（月）

1．原材料和包装

名　称	数　量（月）	单　价	总费用（元）

供应商名称	地　址	电话或传真

2．其他经营费用（不包括折旧和贷款利息）

项　目	价值（元）	备注
业主工资		
雇员工资		
租金		
营销费用		
公用事业费		
维修费		
登记注册费		
其他		
总计		

练习 35　学习更多有关折旧、成本和价格的知识

1．苏秋莲在大学校园的学生公寓门口开了一家洗染店，已经经营了6年。她现在有3名员工，4部功能不同的洗染机，都是6年来逐步购置的，价值约65000元。

苏秋莲很为自己的企业自豪，她靠洗染的经营收入改善了自己的住房条件并有能力报名参加了一个收费非常高的MBA培训班。不幸的是，上周最重要的干洗机坏了，无法修理。由于她最近刚买了辆新车，一时拿不出钱来更换干洗机。

利用你的折旧知识分析苏秋莲做错了什么？她本应该怎样做？

2．陈立华认为，他需要买一部电焊机3250元，一个手电钻250元，一台切割机450元，一个氧气瓶800元，一个乙炔瓶1000元，以及约3000元的电缆和手动工具。如果他期望这些物品能用5年，请计算一下这些物品的月折旧金额。

3．陈立华认为他最终每月能够制作并出售至少10扇钢门。他的成本已经在练习33中作了说明，请你计算一下上一题中物品的每月折旧成本，然后回答下列问题：

月总成本是多少？

制作一扇钢门的成本是多少？

如果陈立华最高能加价25%，每扇门的最高价格是多少？

4.调查校园内的一家企业的成本项目有哪些？分别是什么成本？定价是否合理？为什么？（可分组进行）

练习 36　制定你的产品或服务销售价格

1．通常有两种制定价格的方法：

成本加价法——这种方法是指将产品或服务的所有成本加起来得到产品或服务的成本价格，然后在成本价格上加上一个利润比率就得到销售价格。

竞争比较法——了解所在地区产品或服务的市场价格，看看你的竞争对手的产品或服务价格。你必须确保你的产品或服务比竞争对手的好，可以满足顾客更高层次的需要。

2．每家企业都需要为产品或服务制定销售价格。

3．对销售的每种产品或服务都要预测销售价格，并将销售价格记录在下表中。

销售的产品或服务	预测的销售价格
(1)	
(2)	
(3)	
(4)	
(5)	
(6)	
(7)	
(8)	
(9)	
(10)	

练习 37　你预期的销售收入

销售的产品或服务 / 销售情况 / 月份		1	2	3	4	5	6	7	8	9	10	11	12
(1)	销售数量												
	平均单价												
	月销售额												
(2)	销售数量												
	平均单价												
	月销售额												
(3)	销售数量												
	平均单价												
	月销售额												
(4)	销售数量												
	平均单价												
	月销售额												
(5)	销售数量												
	平均单价												
	月销售额												
合计	销售总量												
	销售总收入												

如必要，请加页。

练习 38　学习更多有关销售和成本计划的知识

利用练习33中介绍的有关陈立华的钢门企业的成本信息和下面介绍的销售收入预测，来完成陈立华的销售和成本计划。

销售和成本计划

	金额（元）／月份 项目	6 3600	7 7200	8 10800	9 14400	10 18000	11 21600
销售收入							
成本	原材料（列出项目）						
	(1)						
	(2)						
	(3)						
	工资						
	总成本						
利润（税前）							

练习 39　你的销售和成本计划

金额（元）/月份 项目		1	2	3	4	5	6	7	8	9	10	11	12	合计
销售收入														
成本	原材料													
	（1）													
	（2）													
	（3）													
	工资													
	营销费用													
	租金													
	公用事业费													
	维修费													
	折旧费													
	贷款利息													
	保险费													
	登记注册费													
	总成本													
利润														

练习 40 学习更多现金流量计划知识

陈立华决定赊销每月销量的一半（期限为一个月），他知道在第一年里，他的供应商不会给他赊销。他现有 7000 元现金创办企业，还有一栋价值 15 万元的房产。利用你在练习 38 中学到的销售和成本计划知识为陈立华制订一个现金流量计划。

7000 元对于陈立华来说够不够开办企业？如果不够，他还需要多少贷款？

项目 \ 金额（元） \ 月份		5	6	7	8	9	10	11
现金流入	月初现金							
	现金销售收入							
	其他现金收入							
	可支配现金							
现金流出	现金采购支出							
	工资							
	办公开支							
	购买设备							
	其他现金支出							
	现金总支出							
月底现金								

练习 41　你的现金流量计划

项目	金额（元）／月份	1	2	3	4	5	6	7	8	9	10	11	12	合计
现金流入	月初现金													
	现金销售收入													
	赊销收入													
	贷款													
	其他现金流入													
	可支配现金（A）													
现金流出	现金采购支出													
	赊购支出													
	工资													
	营销费用													
	公用事业费													
	维修费													
	偿还贷款本金和利息													
	保险费													
	税金													
	现金总支出（B）													
	月底现金（A－B）													

练习 42　筹集你开办企业所需的资金

由需要贷款的企业主填写此表。

贷款数额：____________________

年利率：____________________

贷款期限（年）：____________________

年利息偿还：____________________

年本金偿还：____________________

展期（月）：____________________

担保品

我此次贷款提供的担保为：

资产	市值（元）
(1)	
(2)	
(3)	
(4)	
(5)	
合计	

练习 43　调查创业计划书的制作

请利用互联网收集一份创业计划书，利用所学知识分析这份计划书在编制中的优、缺点和其项目的可行性。（可分组进行）

创业项目：________________________________

内容	该计划的优点	该计划的缺点
概要		
企业构想		
市场评估		
企业组织		
企业财务		
其他		
可行性分析		

练习 44　你为创业做好准备了吗

问题	你的评价	
	是	否
（1）你决定出售什么产品或提供什么服务？		
（2）你知道你的顾客是谁吗？		
（3）你了解潜在顾客怎样看待你的产品或服务吗？		
（4）你知道你的竞争对手的产品或服务的价格吗？		
（5）你知道你的竞争对手的长处和短处吗？		
（6）你预测过自己的销售吗？		
（7）你制订了产品或服务的销售价格了吗？		
（8）你选择好企业地点了吗？		
（9）你决定使用哪种销售方式了吗？		
（10）你决定使用促销方式了吗？		
（11）你知道自己的促销需要多少钱吗？		
（12）你已经选定某种企业法律形态了吗？		
（13）你决定需要什么样的雇员了吗？		
（14）你知道雇用员工的法律责任吗？		
（15）你知道对你的企业的所有法律要求吗？		
（16）你知道你的企业需要什么样的营业执照和哪些许可证吗？		
（17）你知道办这些执照和许可证需要多少钱吗？		
（18）你决定你的企业办理哪些保险了吗？		
（19）你知道办保险需要多少钱吗？		
（20）你预测了第一年的销售量了吗？		
（21）你预测了第一年的销售收入了吗？		
（22）你制订了第一年的销售和成本计划了吗？		
（23）你的销售和成本计划表明第一年有利润吗？		
（24）你制订现金流量计划了吗？		
（25）你的现金流量计划是否表明在你经营企业的前 6 个月里你不会耗尽现金？		
（26）你计算过开办企业所需要的启动资金数额吗？		
（27）你为企业筹集到所有的启动资金了吗？		
（28）如果你计划申请贷款，你预测过可用于担保的资产价值吗？		
（29）你是否对创办自己的企业有足够的信心？		

在“你的评价”中，有多少个“否”？然后再看下面的表格。

“否”的数量	给你的反馈意见
0	你准备得很好，你可以开办自己的企业，下一步你要做好开办企业的工作计划。
1～10个	你应该回到创办企业的准备步骤中去，并在需要改进的地方下些工夫。
10个以上	在当前阶段开办企业的风险太大，如果你仍然很想开办企业，你应该回过头去从创业的最初阶段重新考虑。

练习 45　为完成创业计划你还需要做些什么

需要采取的行动	由谁来做	时间安排